Relatos No contemporáneos

Relatos
No contemporáneos

Juanjo Fernández

Círculo Rojo
EDITORIAL

Primera edición: septiembre 2025

Depósito legal: SE 1621-2025

ISBN: 979-13-7023-372-3

Impresión y encuadernación: Editorial Círculo Rojo

© Del texto: Juanjo Fernández
© Maquetación y diseño: Equipo de Editorial Círculo Rojo

Editorial Círculo Rojo
www.editorialcirculorojo.com
info@editorialcirculorojo.com

Bienvenidos al mundo real

Au Bord du Chemin

Y allí estaba yo, frente a un camino otrora recorrido con mi hermano. Como popularmente siempre se ha contado, no es el destino, sino el camino el que te marca para siempre, y este es, sin duda, el paraje que más he recordado en toda mi vida.

El sol de las vísperas de Pascua brilla sin nubes ni neblina propias de este invierno, lo cual me es extraño, a la par que propicio para la empresa que pretendo llevar a cabo. Sin embargo, este sol no calienta, es una figura presente, inerte. No tengo frío, quizás por la sensación y el estímulo de mi campaña.

En medio de tan prolija descripción de mis emociones he olvidado presentarme, pardonnez—moi, s'il vous plaît, mala educación por mi parte.

Mi nombre es Frère Gascón, fraile dominico, con bastantes experiencias en la vida como para considerarme ligado a la juventud.

Mi morada ha estado siempre unida a Toulouse, ciudad donde nuestra orden nació. Mis estudios de Teología me llevaron tiempo atrás a estas tierras, en la Universidad de Salamanca, donde aprendí los diversos caminos que el Altísimo reserva para cada uno de nosotros: cómo supo comunicarlos a sus elegidos y cómo, mediante la escritura, han sido confiados a aquellos de nosotros que somos dignos de conocer sus designios.

Parte I

Me encuentro frente al camino, nada me hace volver la vista atrás. No tengo la sensación de dejar algo atrás, si bien conozco que, en los alrededores, se encuentra el asentamiento también llamado La-Albereeka, donde infieles se establecieron tiempo atrás, siendo estas tierras proclives a constantes cambios en su dominio.

Aunque ancianos del lugar me contaron que, tiempo atrás, no solamente se establecieron estos infieles.

Colonias de bretones, escapando de la invasión musulmana, fundaron asentamientos en estas comarcas angostas y de difícil acceso. Esto les permitió vivir sin ser amenazados por las hostilidades de quienes ambicionan este terreno.

Esto me hace pensar, ¿qué sentido tiene afanarse por la posesión de tierras, árboles, ríos, bestias si estas son todas propiedad del creador? Solo se me ocurre que quizás sea la vanidad y la avaricia de los mortales las que provoquen que sus hijos mueran. Quizás los gobernantes, cegados por su propia soberbia, empujen a sus súbditos a realizar atrocidades por la grandeza de un reino.

Y, bienaventurado soy, que he tenido la dicha de leer manuscritos de otros tiempos, he encontrado jamás que Dios haya verbalizado al hombre aniquilara a aquellos que no tuvieran la misma opinión. No, no creo que Él tuviera esos designios para sus hijos, solo Él puede juzgar, y solo Él conoce el corazón de cada uno.

Parte II

Así emprendí mis pasos, con el propósito de alcanzar el promontorio allende a los bosques, colmados de magia e historias fabulosas que los mismos ancianos narraban antaño a mi hermano de orden y a mí. Fue en aquella ocasión que tuve de visitar este lugar, como humildes mendicantes. Nuestra misión: predicar y transmitir todos aquellos conocimientos aprendidos, sobre qué esperaba Dios de nosotros.

Historias fantásticas de encuentros extraños, de la virtud que precede al amor, de personas de alma sombría que se adentraron en las entrañas del bosque dominados por su vanidad, de los que jamás se tuvo conocimiento de su retorno.

El camino circula en paralelo a un arroyo, donde escucho el fluir del agua entre las rocas. Sus aguas cristalinas discurren en un perfecto desorden; un perfecto baile que se escapa de nuestro conocimiento, aunque con el objetivo que durante su historia ha mantenido, mantiene y mantendrá, tal y como dispuso el orden natural de las cosas.

Esta agua mantiene al ente vivo ligado a ella, por ese motivo, alzo la vista y descubro vetustos árboles, llenos de color, que el invierno no ha sido capaz de sustraer. Observo verdes bayos, que, junto al arroyo, se benefician de este elemento.

Me acerco a observarlas, y para mi asombro, las encuentro llenas de frutos. ¿Qué misterio permite que florezcan en esta época? Si así está dispuesto, no hallo reparo en aceptar este préstamo, quizás efímero.

En el momento que llevo mi mano hacia una de ellas, veo cómo estas se encuentran entre finas agujas, espinas que protegen a los frutos para no ser devoradas por las alimañas.

Esto me hace pensar en la búsqueda del ser humano hacia la verdad. Para llegar a ella debes pasar por experiencias y decisiones, las cuales, en caso de ser erróneas, pueden conducirte a no encontrarla. Sus consecuencias pueden ser dolorosas, al igual que no tener la pericia suficiente de sortear las espinas hasta obtener la baya.

Así pues, decido no tomarla. No tengo destreza suficiente para alcanzarlas sin recibir daño.

Esta falta de confianza me ha privado de muchas decisiones a lo largo de mi vida. Siempre me ha producido desaliento. Mas hoy, —quizás porque mi prioridad vaya dirigida a otro bien— no me encuentro apesadumbrado. Continúo mi marcha.

Parte III

Sigo maravillándome por el esplendor y los colores que el camino me ofrece. No puedo dejar de dar gracias por la nueva oportunidad que tengo de disfrutar de estos parajes.

El río se ensancha en una zona pedregosa, una suerte de reposo para el agua, antes de continuar su sinuoso camino.

Observo que, en una roca, se encuentra una persona sentada, frente al cauce.

Según me voy acercando, distingo con más claridad a este individuo. Se encuentra pescando, con una suerte de vara e hilo rudimentarios, sorprendentemente descalzo. Viste ropas ajadas; prendas superiores holgadas e inferiores cortas, —como si las hubiera obtenido de otra persona—; sombrero de ala confeccionado con paja, cuyas imperfecciones me llevan a considerar que ha sido él mismo el autor de tamaña chapuza.

El hombre, que en principio mira hacia el arroyo sin un punto fijo, torna su cabeza, me mira, y dice:

—*Bonjour!*

Me sorprende. ¿Qué ha llevado a este personaje a conocer mi origen? ¿Quizás los rasgos de mis antepasados que se reflejan en mí han llevado a esta persona a conocer mi procedencia? ¿Quizás mi hábito blanco y mi negra esclavina? Demasiadas preguntas, las cuales simplifico con un mero:

—*Bonjour, ça va?*

Me acerco más a él, con la intención fútil de intercambiar algunas palabras, dado que conoce mi lengua madre, lo que me lleva a preguntar:

—*Il y a beaucoup de poissons ici?* (¿Hay mucha pesca aquí?).

Él dirige sus ojos hacia mí. Observo que estos tienen un color negro. Inexpresivos, al igual que su rostro. Abre uno de sus brazos, a modo de muestra, y dice:

—*Voici! Il y a tout des poissons du monde!* (¡Aquí están todos los peces del mundo!).

Sonrío. Recuerdo no haber tenido ninguna sensación parecida a una sonrisa en los últimos tiempos. Su rostro inexpresivo se torna en una leve y sardónica sonrisa, entremezclada entre pícara e ingenua.

Debo proveerme de agua para mi viaje. Tomo la calabaza que cuelga de mi cinto. Me reclino, momento en el cual, este individuo espeta:

—*Vous pouvez boire toute l'eau du roi, mais elle ne va pas calmer votre soif.* (Puede beber toda el agua del río, pero esta no calmará su sed).

Extrañas palabras, pienso.

En el momento que me dispongo a proseguir mi marcha, observo que, a escasa distancia, se encuentra un *Capreolus capreolus*, comúnmente llamado «corzo». Bello e huidizo animal. Bebe agua del arroyo. Sin duda se ha percatado de nuestra presencia, pero esto no le asusta, no le resultamos sus enemigos naturales, le resultamos parte de su mundo.

Antes de poder dirigirme al paisano, este manifiesta:

—*Il n'a pas peur de vous parce que vous avez votre âme claire, comme l'eau qu'il est buvant.* (No tiene miedo de usted porque vuestra alma es clara, como el agua que se está bebiendo).

Tras sus palabras, vuelve a fijar su mirada al río, por lo que decido no importunarle en su cometido, aunque pienso que escasa pesca va a obtener sin ningún anzuelo asido al hilo. Continúo mi marcha.

Parte IV

Lo que venía siendo un mero paseo por el bosque comienza a tornarse en un ascenso leve, pero continuo, entre árboles que siguen transmitiendo su vida a través de sus colores.

En ese momento pienso que quizás no sea el joven que en otro tiempo ascendió la atalaya, que probablemente la exigencia de la travesía no sea acorde a la edad que tengo. Aun así, prosigo mi marcha con decisión, aquella que, en el pasado, no estuvo presente en algunos lances de mi vida.

Tras un tiempo de subida, llego a la parte superior del valle. Extrañamente no me siento cansado por la subida: de hecho, no necesito resuello para recuperar el aliento, aunque debo detenerme ante la magnitud de lo que presencia mi vista.

Ahí se encuentra, al fondo, mi objetivo, tan bella como inhóspita.

Impertérrita con el paso de los años, protegida por valles repletos de robledales, castaños y otros árboles que la cobijan, hasta que su altura no los permite crecer más. Su parte superior es de roca gris: una suerte de fortaleza, un vigía de la zona, que permite, desde su altura, escudriñar todas las tierras circundantes. Su belleza paraliza: una suerte para los sentidos. Decido, por tanto, tomar asiento en una de las piedras que se encuentran al borde del camino, para contemplar, por un lapso, tan magnífica obra de la creación.

Mientras me encuentro observando todo su esplendor, comienzo a tener esa incómoda sensación de presencia no vista. Al girar mi cabeza me encuentro —para mi sorpresa— con un *Vulpes vulpes*, o como denomina el vulgo, un «zorro». Lo señalo con mi dedo índice y digo:

—*Bonjour, Monsieur Volpe!*

Es un bello ejemplar que fija su mirada en mí con curiosidad, mostrando el tono azabache de sus ojos, evitando ser amenazante. Este animal no es sino la representación animal de la astucia; esto me hace de nuevo divagar.

En primer lugar, la carencia de astucia que siempre me ha caracterizado. Quizás por haber estado siempre ligado, desde que era un niño, a la orden dominica, lo cual mermó esta habilidad en favor de los superiores jerárquicos. Los que tomaban las decisiones. Ellos sí estaban dotados de esta virtud. Eran ellos los que, mediante la astucia, conseguían prebendas de los señores de los lugares, quienes, gracias a ella, conseguían tener un medio de vida que no correspondía con el voto de pobreza debido a los religiosos.

El animal se torna hacia el espesor del bosque, deslizándose con la gracilidad propia de quien conoce el terreno. Continúo mi marcha.

Parte V

Una vez alcanzada la parte más alta del valle, mi camino se hace más agradable. Aunque no me encuentro fatigado, no es sino un momento en el que contemplar cómo el valle desciende hasta la vaguada, y cómo esta vaguada se encuentra poblada de castaños, olmos y *Pinus sylvestris*.

Solo escucho mis pasos en lo que es un absoluto silencio. Un silencio parecido al conticinio, solo que en este momento el sol inerte, —sin irradiar calor—, es una suerte de vela que guía mis pasos y me ofrece, con su luz, apreciar estos sublimes parajes.

Durante mi descenso hacia la vaguada, el silencio se torna en un leve rumor, un sonido tenue, que difícilmente puedo apreciar. Me detengo para intentar conocer cuál es el origen de ese «*bruit*». Giro mi cabeza a ambos lados para saber de dónde proviene, pero este parece originarse de todas partes y, a la vez, de ninguna.

El sonido se hace más y más fuerte. Un sonido continuo que, a medida que aumenta, puedo intentar adivinar, aunque lo que identifico no corresponde con este paraje. Este sonido de hierro raspando piedra, similar a un carro en movimiento. Me detiene: ¿quizás haya una vía?, ¿quizás sea una antigua calzada romana que circunde el valle y de la cual yo no tenga conocimiento?

En un momento, pareciera que estuviera a mi lado. Inunda mis oídos. Es casi dolorosa su intensidad, aunque no experimente dolor físico. Aun así, logro distinguir algo parecido a voces en mi lengua materna:

—*Allez!! Ne t'arrêtez pas!* —escucho.

Miro a todos lados: izquierda, derecha, adelante… en el momento de girar mi cabeza hacia la senda de donde vengo, esta se encuentra difuminada. De igual forma que un pintor hubiese arruinado su obra sobre un paisaje, pasando su pincel una y otra vez sobre su trabajo.

El sonido cesa. Me encuentro inmóvil, paralizado, aunque sin temor. Busco algún sentido a lo que acaba de acontecer y pienso:

No es sino la falta de agua la que me provoca este efecto, no he ingerido nada desde el momento de mi partida, y sin duda, el cansancio merma mis facultades —me afirmo a mí mismo.

Pero no me siento cansado. Tampoco tengo la sensación de necesitar agua. Aun así, tomo mi calabaza e ingiero un par de tragos. En efecto, tal y como dijo el paisano que encontré en el arroyo, esta agua no quita la sed, aunque ni siquiera la tengo.

Continúo mi marcha.

Parte VI

Llego a la vaguada para comenzar el ascenso. Durante la bajada he estado reflexionando sobre lo ocurrido anteriormente, algo que he asumido como una carencia de agua en mí, o quizás —pienso— el sol ha nublado mi vista, en el momento de girarme, quizás pueda ser ese el motivo, me vuelvo a reafirmar. A veces desconocemos cuáles son los mecanismos que provocan distintas sensaciones y reacciones, aunque, en esta partida, no sea yo muy receptivo a recibir muchos estímulos; no siento fatiga, sed, hambre, cansancio, frío... Lo cual no es sino un indicativo de la única emoción que puedo describir, y esta es la emoción por el ascenso.

En este caso ya no debo sortear valle alguno. Este es el camino de ascenso a la montaña; este juzgará mi estado físico, mi aliento y mi determinación.

Comienzo mi ascenso: aunque la senda atrás recorrida era más amplia, esta es más angosta e inclinada, rodeada de vegetación e iguales árboles que, durante todo el camino, he ido encontrando. En cambio, la vegetación que inunda el camino tiene un color dorado, similar al sombrero que llevaba el paisano. Pienso: «¿Serán estas pajas las que han servido como material al buen hombre para hacer su intento de sombrero?». Sonrío. Es la segunda vez que sonrío durante este viaje, y no recuerdo la vez anterior que sonreí. Qué extraño, aunque me congratulo de ello.

Observo que los largos haces que se alzan varios codos sobre el suelo, dejando un diminuto paso para el ascenso, comienzan a moverse sinuosamente hacia mí. Pienso que sea quizás el viento el que meza las varas, pero no: no tengo ninguna sensación de viento. De repente el movimiento de las ramas se vuelve inverso, como si se alejara de mí lo que quisiera que fuera lo que lo provocó.

Continúo andando con la precaución de que quizás sea alguna alimaña del bosque que me haya tomado como su posible sustento, hasta que la senda se abre, dejando un camino expedito, aunque con bastante inclinación.

Sigo caminando, sorteando la elevación, a un paso constante. No necesito detenerme para tomar aliento. No tengo ninguna sensación de cansancio propia del ascenso y por supuesto propia de los años de vida. Qué extraño, pienso.

Entre divagaciones y conjeturas sobre qué animal pudo mover las ramas que cubrían la senda de ascenso, consigo observar a lo lejos dos figuras, las cuales distingo como a dos personas que descienden por el camino.

A medida que me voy acercando a ellas logro apreciar con más detalle a los caminantes. Se trata de un hombre y una mujer; él es alto, robusto, con profusa barba; porta un bastón de madera y viste una túnica de color negro, con una lacerna y capucha. Ella, de porte más menudo que el hombre, viste de color negro, cubriendo su cabeza con la capucha de su túnica. Extrañas vestimentas —me susurro a mí mismo.

Observo asimismo cómo intercambian palabras entre ellos. Tienen una animada conversación que no logro escuchar, mientras descienden parejos la pendiente.

Esta conversación no les permite advertir mi presencia, hasta que, a escasa distancia, se percatan. En ese preciso momento, ambos detienen su marcha y fijan su mirada en mí, inmóviles, como si yo fuera una aparición celestial.

Ninguno de ellos hace movimiento alguno o gesto. Son efigies que fijan su rostro hacia mí, hasta que llego a su altura, en ese preciso momento, el varón saluda:

—*Bonjour, Frère.*

Me sorprendo nuevamente. ¿Por qué razón este individuo habla mi lengua materna?, ¿por qué ha sabido de mi procedencia?, por ese motivo le pregunto:

—*Mon ami, pourquoi vous parlez ma langue?*

En el momento de formular la pregunta, observo cómo su rostro es, al igual que el buen hombre que me crucé al comienzo de mi marcha, totalmente inexpresivo, con ojos brunos, del color de las ciruelas del Reino de Navarra que en alguna ocasión tuve el gusto de degustar. Él, en ese momento sonríe, con la misma expresión sardónica que mostró el paisano:

—On peut parler la langue que vous voulez, nous connaissons toutes les langues du monde (podemos hablar la lengua que usted quiera, nosotros conocemos todas las lenguas del mundo).

Su respuesta me deja sorprendido, pero le devuelvo una sonrisa —la cual he esbozado por tercera vez durante el camino—, una sonrisa que no recordaba haber mostrado desde hace mucho tiempo.

La mujer, instantes después de la contestación de su acompañante, fija sus ojos en mí. Logro apreciar su rostro: fría e inexpresiva belleza, ojos color índigo, al igual que él, pregunta:

—Est—ce que vous avez vu nos chiens? (¿ha visto usted a nuestros perros?).

—Pas les ai vus, madame —contestó, aunque viene a mi mente que instantes atrás, antes de mi encuentro con estos personajes, el movimiento de las ramas quizás fuera provocado por estos cánidos.

En efecto, ambos animales salen de la maleza del bosque y se dirigen a sus dueños.

Son dos perros a los que en mi tierra solemos llamar *batards*, uno, color azabache brillante, de grandes dimensiones, y el otro, pelaje similar al del zorro con el que me crucé.

—*Des chiens sont meilleurs que les personnes* —espeta la mujer—, *ils seulement sont intéressés pour votre compagnie, ils ne vont jamais vous abandonner.*

(Ellos son mejores que las personas, ellos no te abandonarán jamás).

23

Apenas la mujer finaliza su comentario, ambos continúan la marcha, sin despedirse, en silencio. Instantes después, escucho la voz del hombre, el cual en latín dice:

—*In montibus invenies veritatem.* (En la montaña encontrarás la verdad).

Crípticas palabras, pienso. Peculiares personajes, pienso. Continúo mi ascenso.

Parte VII

A medida que el ascenso se vuelve más complicado, la vegetación deja de hacer presencia, quedando árboles robustos, que resisten cualquier inclemencia: los denominados *pinus silvestris*. También me percato de la naturaleza muerta a ambos lados del camino: aquellos árboles, que han abandonado su verdor por el color ceniza y tonalidades oscuras, los cuales han sucumbido por culpa de los años o de temperaturas adversas. Estos conforman diversas formas, en un desorden no intencionado, aunque mágico.

Continúo mi ascenso, a cada momento más pronunciado, fijando mi mirada al suelo, aunque a cada momento giro mi cabeza a ambos lados del camino para observar los cambios que se producen, debido —sin duda— a la elevación.

Esta naturaleza muerta provoca en mi vista lo que los antiguos griegos denominaban *pareidolia*; es decir, dotar de forma humana a objetos. Por ese motivo, observo cómo entre estos restos de árboles que un día fueron vida, logro componer en mi cabeza figuras humanas: algunas en movimiento, otras que parecen observarme detenidamente. Aunque asumo como productos de mi mente, provocan en mí la incómoda sensación de no encontrarme solo. Continúo caminando.

Parte VIII

La elevación se hace más pronunciada, y lo que antes era un día extrañamente soleado, se torna en una neblina, que convierte al sol, omnipresente, en una forma circular en el cielo que apenas logro distinguir; aunque este ha variado su posición con el transcurrir de la jornada.

La senda es una vía complicada, sobre la cual debo sortear roca suelta, lo que hace aún si cabe más complicada la subida. Pero este supuesto sobreesfuerzo no me fatiga, como tampoco provoca ninguna sensación de frío la espesa niebla.

Con mis ojos dirigiendo mis pasos, camino con la cautela de no tropezar. Advierto, hasta que estoy próximo a ella, que, entre las cada vez más grandes rocas, se encuentra lo que quizás sea una forma humana. O quizás de nuevo una *pareidolia*; y en este caso sean las rocas, y no los árboles yacentes, los que dibujen en mi mente una figura humana.

Aunque no es así. En efecto, al encontrarme próximo a ella, se trata de una persona.

Cuando me encuentro a escasa distancia, logro distinguir que esta persona viste una sotana color marrón y una capucha que cubre su cabeza. Sin lugar a duda, se trata de un hermano de hábito.

Ciertamente, esta montaña esconde misterios y este es otro más.

Tiene la cabeza inclinada hacia el suelo. Me acerco a él, pero no advierte mi llegada. Toco su hombro, pero este no está frío, por lo que, en un primer momento, descarto que haya permanecido allí durante mucho tiempo.

Él, al notar el contacto de mi mano sobre su hombro, levanta la vista y observo su rostro. No es el mismo que en otros personajes que he tenido ocasión de cruzarme. Este, sin duda, muestra una de las peores sensaciones que una persona puede tolerar: el miedo. Noto, aprecio, y casi soy capaz de —al observar su expresión— sentir el pánico que lo inunda. Sus ojos, carbón, me miran. Se encuentra pálido, tembloroso hasta el extremo. Me dice:

—*J'ai peur, frère... je suis seul.* (Tengo miedo, hermano, estoy solo). *Dieu est dehors de moi.* (Dios está fuera de mí).

No cesa de reverberar estas palabras mientras ase mi mano con fuerza. Es una persona bastante corpulenta, que difícilmente, debido a su envergadura y peso, haya podido ascender por sus medios siquiera la primera parte del trayecto.

Intento comunicarme con él, pero se encuentra fuera de sí, como si, en efecto, Dios estuviera fuera de él.

Le pregunto qué le ocurre, mientras él no contesta, solo repite una y otra vez:

—*J'ai peur, frère, je suis seul. Dieu est dehors de moi.*

No es propio de mí dejar a una persona desvalida, pero el sol ya se encuentra próximo al ocaso, y acarrearlo hacia abajo —o bien que me acompañe en el resto del camino— es difícil empresa. Además, el espesor de la niebla no permitiría descender con seguridad antes de que la noche negara, con su presencia, posibilidad alguna de desplazarnos.

Recuerdo haber tenido presente esas sensaciones en algunas ocasiones.

En primer lugar, la soledad, dado que —tal y como me contaron mis hermanos— fui abandonado a las puertas de un convento en Toulouse y recogido por los hermanos dominicos.

También, en cierta forma, he sentido miedo. Mucho pánico. No llego a recordar el último momento que lo sufrí, aunque puedo sentir que es reciente.

Por último, en cierta medida, Dios ha estado fuera de mí. Las circunstancias de mi vida me han llevado a cuestionarme no su presencia, sino su gracia. Aunque todo está borroso en mi mente. Quizás todo quede en un lugar de mi cabeza escondido, que no quiere salir a la luz.

Por lo que, dando dos pasos hacia atrás, sin dejar de observarlo, reclina su cabeza y vuelve a presentar una apariencia pétrea, inmóvil.

Continúo mi marcha.

Parte IX

Continúo ascendiendo, mientras sigo pensando en qué le habrá ocurrido a mi hermano entre las rocas. Él me recuerda a aquellos religiosos que, con la astucia de un zorro, se beneficiaban de prebendas: alimento, bebidas embriagadoras e incluso de mujeres abocadas al pecado carnal.

En lo que ya son rocas desnudas, el espesor de la niebla disminuye, hasta desaparecer, y puedo contemplar los últimos rayos de sol sobre el valle, en aquellas zonas bajas donde las nubes no han descendido. Sin duda, tantos encuentros han ralentizado mi paso, y seguramente deba hacer noche en la cumbre.

Aún recuerdo que, en mi anterior subida junto a mi hermano Marine —Frère Marine—, observamos los vestigios de pobladores ancestrales que consideraron a esta montaña como mágica. Espero pues, encontrar un refugio circunstancial, que, junto a un buen fuego, me dé cobijo hasta el día siguiente. Tal vez, con el sol del nuevo día pueda recoger a mi hermano de hábito y ayudarlo a descender. Quizás sus ánimos se encuentren más calmados y haya encontrado algún refugio, entre las rocas, que le proporcione el mismo amparo que espero encontrar en la cumbre.

De repente siento un olor extraño, aunque fácilmente reconocible; el olor a muerte. Ese fuerte olor, que una vez lo has experimentado, queda retenido en tus fosas nasales de por vida. Es un hedor cada vez más intenso a medida que voy haciendo cumbre, hasta que observo el origen de este insalubre efluvio.

Un animal yace al borde del camino, mientras oscuras formas animales se alimentan de él. Son fáciles de reconocer: *Gyps fulvus* o buitres, que habitan estas zonas montañosas y se alimentan de animales muertos. Pese a dibujar una siniestra silueta, su majestuoso vuelo —al igual que el de otras rapaces— siempre me entusiasmó. Flotan en el aire con maestría, con elegancia, al igual que son determinados y resolutivos, cualidades de las que siempre he adolecido.

No es nada indecoroso para estos animales el tener que disponer de sustento entre animales que ya no viven, de hecho, en ello encuentro su virtud.

El ser humano acaba con la vida de los animales y de sí mismo no solamente para alimentarse, sino también por orgullo, vanidad, egoísmo... incluso por diversión. Una vez que están muertos, rara vez ofrecen beneficio a otros, que no sea el de obtener sustanciosas herencias y tierras, en el caso de gozar de posición privilegiada. En caso contrario, tu forma terrenal será enterrada y allí reposarás para siempre.

¿Y tu alma, hermano... y tu alma?

—¿Qué es el alma? —me pregunto.

Sigo caminando.

Parte X

Quedan ya pocos pasos para, por fin, llegar a la cumbre. Comienzo a recapitular todos los encuentros que he tenido durante mi marcha, y su extrañeza. Intento analizarlos, llegando a la conclusión de que todos han tenido a bien enseñarme o recordarme algo.

También recuerdo mi falta de fe, jamás manifestada a otra persona, siquiera a Marine, y en todo lo que me ha hecho reflexionar durante el viaje.

Por otra parte, existen otros hechos que se encuentran presentes dentro de mi cabeza, difuminados. Todo lo que recuerdo de mi pasado reciente es una neblina similar a la que he sorteado durante el ascenso. Quizás sea el cansancio, me repito, pero no siento fatiga alguna.

Parte XI

Ya, a escasa distancia de la cumbre, mi sorpresa no es otra que divisar, a lo lejos, lo que parece una luz tenue. La luz crepuscular solo me permite adivinar siluetas. Dirijo mi mirada hacia el valle, pero el frío sol que me ha acompañado me ha abandonado, y sus escasos rayos me sirven para observar la línea de paisaje al este de la atalaya.

Me acerco a esta luminaria, en lo que puedo ver, a medida que me voy acercando, que se trata de lo que en mi tierra llamamos una *gîte*, o cabaña rudimentaria. Esto me hace pensar que será esta suerte de albergue la que me dé cobijo, con el permiso de sus circunstanciales moradores.

—Quizás sean ermitaños —pienso.

Y sonrío. Siempre he sentido curiosidad por ellos, por su subsistencia y su modo de vida, alejado de otros seres humanos.

Conforme me voy acercando a la cabaña, descubro que esta no se encuentra en mal estado. Sus paredes son de piedra, construidas probablemente con roca extraída de la propia montaña, y, para mi sorpresa, descubro que, tallada en una de ellas, ¡una cruz flordelisada!

—¡Sacre bleu! ¡Ce sont des Dominicains!

Esta montaña no me tiene preparada solamente esta sorpresa. A contraluz consigo identificar tres siluetas, las cuales, a medida que me aproximo, me resultan familiares.

En efecto, se trata del anciano prior de la universidad y de Marine, acompañado por otro joven del cual desconozco su identidad.

—¡Oh mon Dieu! —digo.

Siento júbilo por todo esto que me está ocurriendo.

Tal y como dijo aquel extraño personaje en el ascenso, en la montaña he encontrado la verdad, y esta es volver a ver a mis hermanos.

—Marine, ¿est—ce que vous faissez ici? (Marine, ¿qué haces aquí?) —pregunto.

—Nous étions attendez vous (Te estábamos esperando) —me responde.

No llego a comprender por qué me responde que me esperaba. Tal vez algún peregrino que me antecediera, y al que yo no haya visto, haya informado de mi llegada previamente, y por mi descripción, o por mi ilusión por volver, hayan adivinado que era yo el visitante.

Pasamos al refugio, donde puedo observar que su interior es simple, aunque confortable: una chimenea de leña cuyas maderas crepitan; una mesa de madera en el centro, madera —fabricada con troncos del lugar—, regia; dos candelas que ofrecen una luz tenue, aunque mágica; y el sagrado olor a incienso, que inunda toda la habitación.

Sobre la mesa, las más suculentas viandas, *du fromage* francés, *du jambon, du vin, du fraises*, propias de la temporada.

Nos sentamos a degustar el ágape que mis hermanos me habían preparado, mientras yo narro todas las experiencias que he vivido durante el ascenso. Ellos callan. Me observan, escuchan atentamente, con sus ojos azules, claros, como los míos; en ningún momento su rostro muestra duda alguna de lo que les relato.

Tras la cena, es hora ya de descansar, aunque no estoy cansado, no siento pesadez pese a haber degustado —sin piedad alguna— todas las viandas.

Instantes antes de dormir, Marine se acerca al lecho donde voy a llevarme a los brazos de Morfeo, y asiendo mi mano dice:

—Descansa, hermano. Gracias.

Duermo.

Parte final

Despierto con una fuerte inspiración. Puedo percibir todas las sensaciones humanas desagradables: siento frío, tiemblo, dolorido, febril, agónico. Me encuentro paralizado, desconozco si por el horror que siento o por mi cuerpo debilitado.

Pero no es solo lo que me inmoviliza. Apenas puedo mover los ojos de un lado a otro, lo cual me permite observar el paisaje más desagradable que jamás hubiera imaginado conocer.

Me encuentro tumbado, apilado entre otros cuerpos que impiden mi movilidad. A mi lado yace un cuerpo de un fraile, cuyo orondo cuerpo cubre la parte izquierda de mi cuerpo.

Escucho carros que circulan sobre mi cabeza, así como otros que vuelcan su mortuorio contenido sobre la fosa en la que me encuentro.

El hedor a muerte es insoportable. No recuerdo haber olido tal pestilencia en toda mi vida, junto al olor a incienso, que personas ataviadas con túnicas negras y extrañas máscaras, esparcen con incensarios.

Giro los ojos, lo que me permite ver a un joven a mi lado. Puedo observar cómo dos protuberancias o bubones salen de la parte baja de su mandíbula hacia el cuello, como si dos ojos negros me fijaran su mirada. Sin duda alguna, la muerte negra se cierne sobre mí.

En el escaso hálito que me separa de la vida, esta pasa fugaz por delante de mí.

Aún soy joven, reconozco la ciudad que se encuentra a lo lejos: Toulouse.

Recuerdo cómo me crié como aprendiz con los frailes dominicos, los cuales no me permitieron en ningún momento gozar de los privilegios propios de la orden. Era huérfano, no pertenecía a la nobleza, fui la persona relegada a las labores más oscuras.

Recuerdo cómo estuve al servicio de un dominico, cuya familia ostentaba cierto rango nobiliario. Él se arrojó a la lascivia

34

y a la corruptela. Yo le asistía, bien conoce la divina providencia cómo llevaba meretrices a su celda, bien diferenciada del resto de los hermanos.

Recuerdo cómo *frère* me llamaba «mascotte» y «chien» y cómo me humillaba delante de otros hermanos, diciendo:

—Eres mi mascota. No me abandonas. No tienes donde ir.

Los otros reían en connivencia.

Sin duda, Dios me ha castigado por alejarme de su camino. Y al igual que todos los que yacen en la misma fosa en la que me encuentro, esta es su manera de expresar su decepción con nosotros.

Expiro.

Cierro los ojos.

Para no abrirlos jamás.

Mrs. Crystal

—Declan, Alex, traed rápido la alfombra y extendedla desde el vestíbulo a la escalera. ¡Vamos! Malditos irlandeses, no os movéis rápido salvo para ir al pub, emborracharos y golpearos como bestias.

—Aileen, Cora, revisad otra vez la *suite* principal, no quiero ninguna arruga sobre las sábanas, una mota de polvo sobre el tocador ni el más mínimo efluvio en la habitación.

Nuestra gobernanta, Mrs. Joyfull, vociferaba mientras se desplazaba de una parte a otra del vestíbulo; colocándonos las cofias, repasando el bajo de nuestras faldas y comprobando cómo el escritorio de recepción se encontraba impoluto, en perfecta simetría entre sus candelabros: el tintero, la pluma erguida sobre su base, como si se encontrase en perfecta comunión con el universo.

Mrs. Joyfull —o así nos hacía llamarla, pues no era su nombre real— siempre ha tratado a todos los trabajadores del hotel, cuya mayoría somos provenientes de la Isla Escarlata, como humanos de segunda categoría. Nunca ha dudado en humillar —e incluso golpear— a alguna *maid* que no realizara las tareas tal y como ella había determinado. Era la soberbia misma con la que los ingleses trataban a los irlandeses.

Aunque no estamos en Inglaterra, sino en Edimburgo, en 1827, —dos años después de que el gran incendio acabara con multitud de edificios en la Royal Mile—.

Donde me encuentro es el Hotel «Isle of Skye». Situado en una de las calles devastadas por el fuego y cuya reconstrucción, en escasos meses, lo vuelve a situar entre los hoteles más lujosos de la Old Town. Sin duda, esta construcción se debe a la inversión de Mr. Ben Francis —señor inglés relacionado con la aristocracia—, que dispuso su dinero, y a Mrs. Joyfull, entre las entrañas de la vieja ciudad.

En ocasiones, en nuestros catres situados en la planta inferior del hotel, donde aún permanece el tenue olor a ceniza, hablamos sobre ello. Si Mr. Francis fue amante en secreto de Mrs. Joyfull; si le ofreció el trabajo como gobernanta para deshacerse de ella y volver a Londres, donde disponía de toda su fortuna y su familia; y si este era el motivo de su eterna desdicha.

Aunque, en las plantas superiores predomina el olor a barniz recién aplicado sobre las maderas y el suelo pulido; ostentosos candelabros, lámparas de araña entre sus rectos y largos pasillos, cuadros que evocan tiempos pretéritos —escenas de caza, retratos de personajes ilustres de Edimburgo, evitando, por supuesto, cualquier retrato vinculado a la lucha de Escocia por su independencia—, se entremezcla, en ocasiones, el hedor a tizne. No solo trae a la memoria los edificios arrasados, sino también las personas que allí perecieron.

Tanto alboroto no se debe sino a la llegada al hotel de Ms. Catherine, cuya historia contaré, no por vocación trovadora, sino como mera conocedora de su triste infortunio.

Capítulo I

Ms. Catherine era una joven escocesa, de familia ilustre dentro de la vieja Edimburgo.

Su padre, Sir Arthur Walden Graham, armador en el puerto de Lothian, obtenía pingües beneficios de la importación y exportación de materiales desde las colonias de ultramar, sobre los cuales se aplicaban escasos impuestos debido a su cercanía y simpatía por la corona inglesa.

Ms. Catherine, hija menor, fue bien educada en las artes propias de familias adineradas. Aunque su pasión siempre fue estar encerrada en el desván. Allí pasaba las horas leyendo libros que su padre retiraba de la biblioteca principal de su lujosa casa, situada en la New Town. Sir Arthur ocultaba estas obras porque las consideraba fuera de la corriente de pensamiento imperante en la alta sociedad escocesa —o británica—, a la cual asistía el señor Francis en numerosas ocasiones.

Retiró libros medievales, romances franceses, historias artúricas de amor: Lancelot, Génievre y el rey Arturo, Sir Gawain y sus aventuras, *Paradise Lost* o incluso *The Canterbury Tales*. Sus fastuosas celebraciones, con actores de la sociedad escocesa —incluso llegados de Londres o Newcastle—, no permitían esas viejas narrativas.

Aun así, el padre, cada veinticinco de enero, reunía a toda la familia, dispensaba al servicio y, junto a una botella de whisky de malta, recitaba los más famosos poemas de Robert Burns. En privado mantenía su esencia escocesa.

Ms. Catherine pasaba horas y horas en el desván, leyendo estas obras una y otra vez, e incluso recibía con buen gusto cualquier libro que su padre retiraba, si no lo había previamente arrojado al fuego.

Esta soledad voluntaria, su desapego familiar, su compulsiva lectura grabaron en su mente, cual impronta, una idealización del hombre medieval. Ella se consideraba a sí misma una dama en peligro, encerrada en ese desván, esperando a que un caballero la rescatara y la llevara a lomos de un negro corcel hasta un castillo, allende las Highlands.

Capítulo II

Su padre, que ya vislumbraba cómo su hija se encontraba dentro del <<Marriage Market>>, no dudó en buscar marido para ella, cuya unión no debería sino expandir sus beneficios económicos. La señorita Catherine, dada la sociedad imperante de la época, siquiera tuvo posibilidad de decidir cuál sería el hombre con el que iba a pasar el resto de su vida.

En una de esas reuniones, Mr. Walden no dudó en invitar a un miembro de la alta sociedad londinense, cuyo hijo estaba asimismo en calidad de desposarse. A ninguno de los padres les importó, en ningún momento, la felicidad de sus vástagos, sino el incremento de sus bienes.

Aunque el hijo no era un caballero. No era un «Knight» medieval. No era ni mucho menos un «Gentleman» —aficionado a hacer gastos en burdeles y dilapidar ingentes cantidades de libras en pubs y sitios reservados para la aristocracia—.

Para la joven Catherine, desconocedora de la personalidad del joven Kaplan —así se llamaba—, no dudó siquiera un momento en considerar que ese era el caballero que venía, a lomos de un caballo, a rescatarla de su torre, el frío desván.

Catherine contaba estas historias a su sirvienta, Célie, criolla nacida en las colonias inglesas del Caribe, quien escuchaba con suma paciencia cómo Catherine narraba una y otra vez las historias que leía, y cómo las interpretó para ser ella la protagonista de estos relatos. Pese a que Célie le advirtió someramente de las «aficiones» de Kaplan, ella no escuchó: remitiéndose una y otra vez a las historias caballerescas que forjaron su mente.

Ambos varones concertaron el matrimonio mientras bebían grandes cantidades de alcohol y fumaban tabaco en sus pipas, ajenos a cualquier deseo de sus hijos. Por una parte, Mr. Walden no dialogaba con la joven Catherine. Sus conversaciones eran monólogos sobre lo que ella debía hacer. No eran sugerencias, eran imposiciones, a las que ella no era capaz de negarse. El padre de Kaplan, por su parte, lo observó como una magnífica posibilidad de despojar a su hijo de sus hábitos, encuadrarlo dentro de una familia y obtener rédito de esta unión.

Días antes de celebrarse el matrimonio, el infortunio cae sobre Catherine. Kaplan, en un alto grado de exaltación etílica, no dudó en batirse en duelo con otra persona mientras se encontraban en un lúgubre pub en las afueras de Forth Bridge. Fue allí, en las orillas de la bahía, donde decidieron darse muerte. La rueda de la fortuna giró a favor del otro contendiente, que disparó a Kaplan, yaciendo inerte sobre la fría arena.

La noticia de la muerte del joven Kaplan, días antes del enlace, sumió a Catherine en una profunda tristeza y amargura; una elegía interior, como ella confesaba a su sirvienta criolla. Aunque el rostro de la joven Catherine no transmitía ese sentimiento, este era impertérrito, pétreo, duro.

Pese a que su padre relató a su hija los hechos con la misma transparencia e indiferencia que el *Edinburgh Today* escribió la luctuosa crónica del suceso, Catherine no reaccionó como la sociedad esperaba. Para ella, su caballero se había batido en duelo para salvaguardar su honor, no quería —o no sabía— interpretar los hechos de otro modo que no fuera el que ella había aprendido en los libros que se encontraban en el desván.

Capítulo III

La mañana de su llegada, tal y como he narrado, Mrs. Joyfull se encontraba en un alto grado de excitación: demandaba que todo se encontrara perfecto para recibir a la joven Catherine.

Su padre, amigo del inversor inglés —con el que también compartían tardes de malta y tabaco de Virginia—, había decidido enviar a su hija al hotel, en lugar de permitirle quedarse encerrada en su desván. Catherine se negó a hablar con nadie que no fuera su sirvienta Célie, la cual la acompañaba a este lugar.

Una fría mañana propia de Edimburgo, su padre decidió poner fin a sus hábitos: cerró el desván, prohibiendo la entrada a cualquier persona, quemando toda la suerte de libros que había tiempo atrás depositados allí.

Catherine, carente de atracción mundana, decidió encerrarse en su habitación. No se reunía con la familia, no atendía visitas a su estancia. Pasaba el día mirándose al espejo y peinando su cabello una y otra vez.

Su sirvienta le preguntaba el porqué de su actitud: a qué se debía que ella estuviera siempre preparándose para recibir a alguien, si jamás asistía ni a fiestas ni eventos, ni en casa propia ni ajena. De hecho, disponía de un vestido preparado para su partida. Su respuesta era simple:

—Mi caballero se ha aparecido mientras dormía, montado en su corcel negro, y me ha dado su palabra de noble señor. Un día abriré la puerta principal y él me estará esperando, para marcharnos juntos a sus tierras.

Esta actitud extraña de Catherine obligó al padre a tomar una decisión. Por supuesto, no en beneficio de su hija, sino en el propio: una descendiente suya no debía estar encerrada en un sanatorio:

—La sociedad no me lo permitiría —decía a su esposa—, qué imagen vamos a dar —decía una y otra vez.

Un encuentro con el magnate londinense ofreció una vía de escape. El recién reabierto Hotel *Isle of Skye* acogería a Catherine por el tiempo que el padre considerase necesario; satisfaciendo todas las demandas, tanto paternas como las de su hija, previamente tamizadas por el señor Arthur. Aquello otorgaría cierto grado de normalidad, aunque sin alejarse del omnipresente poder del hombre.

Capítulo IV

Mrs. Joyfull recorría el vestíbulo principal una y otra vez, haciendo que los cuatro trabajadores —quienes estaríamos a disposición de las demandas de su hija— formáramos en fila, como si se tratase de una escuadra militar, lista para pasar revista.

Sus «huestes» eran escasas: Alex, Declan, varones que vigilaran la entrada y salida, y se encargaran de disponer de todas aquellas tareas, como cortar el césped, o convertir el jardín en una oda a la belleza y la exuberancia. A Cora y a mí, Aileen, jóvenes *maids*, nos reservó la tarea exclusiva de mantener impoluta la habitación de la joven Catherine.

Mrs. Joyfull se asomaba a la puerta de entrada, con la intención de aparentar normalidad ante un evento que estaba plenamente orquestado.

Como cabía esperar, el clima escocés —que bien puede pasar de nieve a neblina, como de lluvia intensa a tímidos pero firmes rayos de sol— dio la bienvenida a Catherine ofreciendo una fina precipitación sobre la plaza.

Capítulo V

—Ya llega, ya llega. —¡Preparados! —exclamaba la Mrs. Joyfull mientras accedía al interior y permanecía, cual Victoria de Samotracia, en el centro de la estancia, dispuesta a dar la bienvenida a la comitiva.

El jante de un carruaje sobre el adoquinado de la Old Town cesó al detenerse frente a la puerta principal. Negro, elegante, digno de los más altos estamentos de la sociedad: sus ruedas grandes, con anillo color negro y varillas tono dorado. En su carrocería, sus ribetes dorados formando elegantes trazos circulares, sus faroles negros, puerta con la inscripción de las iniciales de la familia: W. S. Tonos burdeos en la cortina mantenían el anonimato de sus pasajeros.

Los caballos, color azabache, con apariencia de ser bravos y salvajes, de no ser por estar sometidos a correajes y atavíos metálicos.

En primer lugar, hace aparición su sirviente y confidente, Célie. Vestida con atavíos criollos: falda gris, camisa holgada blanca y delantal en el mismo color, así como un pañuelo que cubre su cabeza y cabello.

Seguidamente, como si se tratara de un acto protocolario, desciende el progenitor. Viste traje gris, como el día; zapatos negros brillantes, largos bigotes, cabellos que expresan que la juventud no es ya sino un vago recuerdo, y sombrero de copa negro. Su vestimenta y ademanes no permiten sino advertir su personalidad: gris como sus pensamientos, elegante hasta la soberbia, como su interpretación de la vida.

La última en salir de este triunvirato es la propia Catherine, la cual me deja perpleja. Cubierta por una capa de terciopelo negro e interior carmesí, un vestido color azabache, con piezas de joyería en perfecta simetría sobre su corsé. Falda larga, que no permite movimientos ágiles propios de una dama de la época; abotonada hasta la cintura, carece de miriñaque. Porta un sombrero negro, de ala, que reposa sobre su cabello castaño, con propósita inclinación, aunque con apariencia de haberse colocado allí casualmente. Su rostro lo cubre un velo de tul negro, propio de una viuda, que permite difuminar su rostro.

Su descenso sobre la escalera del carruaje, majestuoso. Con paso firme, mirada al frente y segura de no dar un traspié, mientras se asía de la mano de Célie, y rechaza —con indiferencia, incluso desdén— ayuda alguna del ofrecimiento paterno, que extiende su brazo derecho para ofrecerle estabilidad.

Capítulo VI

Su entrada al vestíbulo rezumaba solemnidad. Su paso era seguro, escoltada a ambos flancos por su padre y Célie, hasta llegar al centro de la estancia, donde Mrs. Joyfull esperaba. Su saludo provocó la mirada fugaz entre nosotros, ya que su soberbia y vanidad se transformó en subordinación y complacencia, con gestos que pareciera imitar a una suerte de genuflexión.

—Bienvenidos, señor Walden. Bienvenida, misses Catherine. Es un honor que hayan elegido nuestra estancia, nuestro servicio estará disponible para ustedes cuando ustedes lo estimen oportuno.

—Gracias, Francis me habló de usted, se llamaba… —contestó Mr. Arthur.

—Clementine, señor, me llamo Clementine —responde Mrs. Joyfull.

—Oh, cielos, es cierto. Espero y deseo que todo esté preparado para la estancia de mi hija Catherine.

—No le quepa duda. Todo está listo para que su hija disfrute en nuestro hotel de los privilegios que ella demande.

—No son tantos los que ella demande, sino los que yo estime oportuno —contestó Sir Arthur, con una soberbia y despotismo que dejaba posicionada su situación, la de su hija y la de Mrs. Joyfull, que bajando su cabeza asintió—: Por supuesto, señor, por supuesto.

Catherine se mantuvo en silencio, cual escultura, mientras entrelazaba su brazo izquierdo con el derecho de su sirvienta, sus manos enlazadas, con guantes negros de cuero. Mirada al frente, sin hacer gesto ostensible, su rostro frío, duro, que se advertía tras su fino velo, en ningún momento giró su cabeza para dar cuenta de la decoración o de los allí presentes.

Instantes después de la presentación, Mrs. Joyfull exclamó, realizando un suave movimiento de brazo —que, por supuesto, había ensayado previamente—:

—Aileen, Cora, acompañen a Miss Catherine a su estancia. Alex, Declan, recojan el equipaje de la señorita.

Aun así, el equipaje solo consistía en un baúl de color vengué, con asideros metálicos dorados.

Capítulo VII

La suite, en la última planta del edificio, se acondicionó especialmente para tal evento. Un dormitorio de grandes dimensiones; un butacón de cuero pardo y reposabrazos remachados con roblones color oro. Una cama extremadamente grande, con sábanas perladas y aterciopeladas. Un tocador, con espejo ovalado, junto a una ventana, de grandes dimensiones, que permitía la entrada de la luz que el clima escocés tuviera a bien ofrecer. Cortinas blancas, impolutas, incluso una chimenea para evitar que este clima importunara —ni por un segundo— la estancia de Catherine.

Esta era su nueva fortaleza, su nuevo desván.

Capítulo VIII

Los días transcurrían sin que Catherine tuviera intención alguna de salir de la estancia. Su jornada transcurría desde que se levantaba —cuando el sol ya estaba presente—, situada frente al espejo, mirándose fijamente, cardando sus cabellos, con gesto frío, áspero. Repite las acciones que hiciera desde que Kaplan falleció, con su sirvienta sentada a su lado.

Yo me encontraba en una esquina, de pie, a expensas de las voluntades de Catherine, una vez realizadas las tareas domésticas.

Cada mañana, su sirvienta, sentada a su lado, leía en voz alta pasajes de la Biblia. Imposición del fiel seguidor de la Iglesia anglicana que era su padre, por obligación más que por devoción, sin que Catherine interpelara en ningún momento la lectura de las santas escrituras. Sencillamente, tal y como los humanos somos al universo, le era indiferente.

Célie, asimismo, tampoco se dirigía a mí en ningún momento. Mantenía esa jerarquía que había labrado a base de trabajar la confianza de Catherine, salvo para requerir nuestros servicios o necesidades de Catherine, consistentes en desayuno, comida y cena. Su padre no autorizó nada que no fuera pasado por su tamiz, prohibiendo que le llevaran libros, correspondencia o visitas, aunque de estas dos últimas poca tenía, salvo las fugaces visitas de su padre, que aprovechaba su viaje desde su casa en la New Town hasta el puerto de Lothian para visitarla.

Era un breve y nada intenso encuentro, en el que solamente se informaba de cómo se encontraba, a través de su sirvienta; ni siquiera se dirigía a ella. A mi juicio, para él no era nada más que un juguete roto. Una inversión fallida.

Y los días pasaban, uno detrás de otro. Yo solamente salía de la estancia cuando Catherine finalizaba su cena y se acostaba, con la emoción de ver a su caballero en su paso onírico. En ese momento, me recogía hasta mi catre en el sótano del hotel.

Este era sucio, cerrado, salvo por una ventana pequeña que conectaba con el suelo de la calle. En caso de que lloviera —algo muy común—, permitía que el agua, sucia, entrara como cascada. La recogíamos con tinas, aunque no evitábamos que la humedad se aferrara entre sus paredes de ladrillo y cemento de baja calidad.

Maderas nuevas que hacían las veces de vigas, sin barnizar ni pulir en exceso, formaban parte de la estructura que el hotel no mostraba a sus hospedados. No evitaba el olor a quemado, herencia del edificio antes erigido.

Una suerte de espejo, de pequeñas dimensiones, para compartir entre las seis empleadas: dos cocineras y cuatro *maids*.

Los varones compartían otra estancia anexa a la nuestra, de iguales características.

Mrs. Joyfull se encargaba de, a tempranas horas, venir hasta nuestra estancia, al grito de: —¡Señoritas!—. Este era, sin duda, el momento en el que se mostraba más delicada con nosotras. Nosotras nos incorporábamos de nuestro camastro y nos ataviábamos con nuestra ropa de trabajo: zapatos siempre relucientes, falda gris hasta los tobillos, camisa blanca holgada, cofia y delantal blanco.

Exigía que la ropa estuviera impoluta, por lo que, antes de acostarnos, debíamos limpiar a fondo nuestro calzado y lavar nuestras prendas, que luego aireábamos en un patio trasero.

Un rudimentario techo evitaba que las inclemencias meteorológicas impidieran su correcto estado de revista. Mismo lugar donde se almacenaban los utensilios de jardinería y albañilería que Alex y Declan utilizaban para sus quehaceres diarios.

Capítulo IX

Una mañana, todo comenzó a cambiar.

Después de desayunar y que Célie hubiera leído pasajes de los Salmos —en esos días que su padre no acudía a visitar a su hija por motivos que solamente él justificaba como más importantes que atender a su hija—, me encontraba de pie, con los brazos en la espalda. Catherine, sentada, se contemplaba a sí misma en el espejo, con Célie en su flanco derecho. En un momento, Catherine —que apenas hablaba con su sirvienta, al menos en mi presencia— dijo:

—Célie, quiero que vayas a la casa familiar y recojas polvos de maquillaje y dos vestidos que dejé allí: el blanco y el turquesa. Se encuentran en uno de los armarios de mi estancia.

—Miss Catherine, le diré al personal del hotel que se encargue de ello, escribiré una nota comunicando al servicio de casa de su padre que lo disponga.

—No, querida Célie, quiero que vayas tú. No confío en las descuidadas manos de cualquiera, eres tú mi principal valedora. Ve y tráemelos.

—Misses, su padre me ordenó...

—Mi padre aquí no se halla, y, por lo que a ti respecta, debes obedecer mis mandatos. Dispón del servicio que te preste Mrs.... no recuerdo su nombre, y acude presta a lo que te demando. No te demores. Quiero que estés aquí antes de la hora del almuerzo.

Célie, asombrada por la sorprendente decisión de Catherine, aunque con la sumisión debida, solamente se prestó a decir:

—De acuerdo, Misses Catherine, regresaré a la mayor brevedad.

En ese momento, Célie se dirigió a mí y me invitó a salir de la suite.

Fue entonces cuando se dirigió a mí directa, sin ambigüedades, y espetó, con su acento colonial:

—Tú, irlandesa, no debes salir de la estancia, no debes realizar ningún acto extraño, es más, debes únicamente estar sentada en su tocador. Así me lo ordenó el señor, y vive Dios que, si haces algo contrario a lo que te acabo de decir, me encargaré personalmente de que Clementine te castigue como mereces, y pases tus días en la calle, como tantos paisanos tuyos menesterosos que pueblan las ciudades, mendigando un trozo de pan.

—Sí, señorita Célie —dije, y entré en la estancia a cumplir lo ordenado.

Capítulo X

Allí nos encontrábamos, por primera vez Catherine y yo, en un rotundo silencio, solo interrumpido por el ruido urbano de la Old Town. Entonces Catherine, con rotunda indiferencia, y sin desviar la mirada de su espejo, pronunció:

—Irlandesa, ven aquí.

Acudí a su requerimiento de inmediato, y situada junto a su lado derecho, dije:

—Miss Catherine, dígame, ¿qué desea?

Ella, que continuaba acariciando su cabello suavemente con un peine, dijo:

—Abre el cajón que está a tu lado, encontrarás una guinea de oro; quiero que me traigas dos libros. El importe que sobre, puedes dispensarlo en tus voluntades. Es más, dispón de dos guineas, una es para ti por el servicio prestado.

En ese momento, me encontraba frente a una dicotomía: por una parte, cualquier voluntad expresada por Catherine no debía ser admitida, y me exponía al consecuente castigo. Por otra, era la primera ocasión, en mi joven vida, que gozaba de la posibilidad, —no solo de tener oro—, sino de verlo.

Pero no dudé en demasía. Abrí el cajón del tocador, donde se encontraban numerosos utensilios de belleza, junto a un bolsón cerrado de cuero, lo abrí y en su interior se hallaba una ingente cantidad de monedas doradas.

—¿A qué libros se refiere, Miss Catherine? —contesté, tímidamente.

—¿Sabes escribir? —dijo.

—No, Miss, ni leer ni escribir… lo siento…

—Los malditos ingleses os estrangulan, os roban vuestras tierras, mancillan vuestra religión, y para colmo, no tienen la dignidad de ofreceros el acceso a la lectura ni escritura. Saca del cajón un papel y la pluma. Apresúrate.

Su alocución me sorprendió, sin duda, aunque distante, no era ajena al mundo exterior.

Me anotó dos títulos, que para mí eran meros trazos realizados con tinta.

Guardé la nota entre la planta del pie y el zapato, y las guineas en un bolsillo del envés del delantal. Volví a mi lugar, hasta la llegada de Célie, provista de los requerimientos de Catherine.

—¿Ha ocurrido algo? —me preguntó Célie entre susurros.

—Nada —dije, escuetamente.

—Me alegro de que así sea —dijo, para sentarse nuevamente junto a Catherine.

Capítulo XI

En esa misma noche, antes de acostarnos, hablé con Alex. Él era el encargado de recoger todo aquello que el hotel necesitara: desde el correo hasta cualquier utensilio que Mrs. Joyfull demandaba.

—Alex —dije—, necesito que vayas a una librería y consigas estos libros.

Él sonrió fuertemente, dejando ver sus dientes colocados en su boca sin orden ninguno.

—Pequeña Aileen, ¿para qué necesitas esto? ¿Quién te lo ha pedido? —preguntó, interesado por mi extraña petición, pues en nuestro caso, ninguno de los que allí trabajábamos sabíamos siquiera escribir nuestro nombre.

Aunque cercanos, nunca he confiado plenamente en nadie, por lo que evité contarle la verdad del asunto. Dije:

—Toma, una guinea de oro para comprarlos, de lo que sobre, puedes quedarte la mitad.

Sin duda, ofreciendo dinero obtendría su silencio, no era nada más que otro pobre irlandés emigrante, sin recurso alguno.

Saqué la guinea del bolsillo del delantal, —sin mostrar la otra—, y se la di. Él, al verla, se quedó mirándola fijamente, como si se tratara de un cuerpo celeste que reposaba sobre mi mano derecha. Rápidamente la guardó en su bolsillo.

—En la mañana, cuando vaya a la oficina de correos, pasaré por la librería de Victoria Street y le entregaré la nota. ¿No serán libros blasfemos y me castigarán por ello, verdad? —espetó, con un tono de comicidad y a su vez ignorancia.

—Cállate, bastante te llevas con lo que sobre de la moneda —contesté.

Nos miramos fijamente, de la misma manera que dos cómplices de un delito se miran después de cometerlo. Nos fuimos, cada cual a su estancia.

Capítulo XII

Al día siguiente, todo seguía su curso normal, tras la breve visita de Mr. Walden. Catherine y Célie se encontraban, como era habitual, en el tocador. Mientras Catherine se aplicaba ungüentos y Célie miraba a su señora atentamente, de repente Célie dijo:

—Miss Catherine, ¿puedo consultarle algo?

Tras un breve silencio, —en el que Catherine pareció no tener voluntad alguna de responder—, contestó:

—Dime, Célie.

—¿Ha vuelto a tener sueños parecidos a los que tiempo atrás tenía, desde que hemos llegado aquí? Usted se muestra más ausente conmigo, quizás haya perdido confianza en mí.

—Para nada —contestó Catherine—, sigues siendo mi más fiel servidora.

Y, sí, cada noche tengo los mismos sueños, que para mí son vida, no siendo esta realidad más que un mero trámite entre mis encuentros con mi más leal caballero.

—Sueño —prosiguió— con verdes praderas, cuyo viento mece armoniosamente las hierbas altas, bajo un cielo gris. Sueño con unos montes con nieve en sus cumbres, y un camino, transitado en un caballo negro que mi caballero domina.

Veo también un castillo lejano, oscuro, pétreo. Yo estoy montada, a horcajadas, —no como una señorita, más bien como una mujer que se aferra fuertemente a su amado—, que la conduce hasta el lugar donde ambos sean felices.

Lo sueño una y otra vez, noche tras noche, vida tras vida, después del paso terrenal en el que ahora me veo hablando contigo —prosiguió—. Puedes, por tanto, narrar a mi padre, —cosa que habitualmente haces cuando viene a verme y os separáis para que tú le cuentes mi día a día—, que mi propósito sigue firme. Que no es una ilusión, sino un hecho: Me marcharé de aquí, sin nadie que me acompañe.

—Pero Miss Catherine... Yo... —dijo Célie.

—Tú... mantén el silencio, Célie... —contestó despótica-
mente Catherine.

Célie inclinó la cabeza y permaneció sentada, como siempre
en su flanco derecho, en un ambiente que por un momento se
había cargado de tensión. Yo me mantuve de pie, con mis brazos
a la espalda hasta que los servicios de comida y cena fueron dispuestos, dejando la *suite* en el momento que Catherine solicitó,
—o, más bien, ordenó—, que abandonáramos la habitación.

Esa misma noche, Alex me entregó los libros, diciendo:

—Toma, pequeña Aileen. El librero me ha preguntado el porqué de estos libros. No he sabido qué contestar, pero en el momento en el que ha visto la guinea, ha olvidado su pregunta, y se
ha apresurado a darme el cambio.

—Dame mi mitad —dije a Alex, que sacó de su bolsillo varias
libras, entregándomelas con suma discreción, al tiempo que me
daba los libros empaquetados, en papel color ocre y atados con
una cuerda.

Guardé los libros bajo el camastro y las libras en el bolsillo
trasero del delantal, y dormí; con la alegría de haber obtenido
dinero.

Capítulo XIII

Al día siguiente, como todas las mañanas, volví a la habitación.

Allí se encontraban Célie y Miss Catherine. Con mis manos sosteniendo el desayuno de nuestra más ilustre invitada, fue Cora quien me abrió la puerta.

—Buenos días, Miss, buenos días, Mrs. Célie —dije.

Solamente Catherine respondió. La indiferencia de su sirviente era incluso más notable que la de su propia señora.

En el momento de haber terminado el desayuno, donde Célie aprovechaba los restos que Catherine no deseaba, no se demoró mucho tiempo en instalarla a abandonar la estancia con un pretexto banal, aunque suficiente para tenerla ausente por un tiempo. En este caso, la personó nuevamente a casa de su padre, en una carta dirigida a su servicio, en la que escribió cuáles eran los vestidos que durante la semana debían estar preparados.

Célie se dispuso a marcharse, no sin antes dirigirme una mirada amenazante. Su expresión facial mostraba mucho más que las palabras. Me advertía que debía permanecer allí y si realizaba cualquier acto extraño, que se lo hiciera saber.

Cuando, tras un tiempo prudencial, Catherine se aseguró de su marcha, me reclamó diciendo:

—Irlandesa, ¿tienes mi pedido?

—Sí, Miss Catherine, lo tengo en mi estancia, bajo mi cama —respondí.

—Tráemelo, por favor.

Yo no debía abandonarla; no debía estar sola. Así que Cora, que se encontraba fuera de la estancia cual guardesa, me reemplazó por ese breve momento. Por supuesto tuve que mentir. Me urgía ir al baño, dije. Descendí corriendo por las escaleras de servicio, con la suerte de no encontrar a Mrs. Joyfull.

Recogí los libros, los guardé bajo mi delantal y volví a la suite.

Catherine permanecía dispuesta en la misma posición, solo que cuando escuchó la puerta de entrada esbozó una leve sonrisa que observé en el reflejo del espejo.

Se los entregué. En ese momento se giró hacia mí, y observé su rostro, por primera vez sin el reflejo del cristal o difuminado por el velo de tul con el que entró.

Su rostro, de piel blanca, ojos marrones y rasgos afinados cual escultor aplicaría sobre su obra maestra. Labios gruesos y boca pequeña, con mejillas sonrojadas, pese a haber aplicado una capa de polvos de maquillaje.

—¿Cómo te llamas? —preguntó.

—Aileen, Miss —contesté.

—Aileen, muchas gracias —prosiguió—. Tus cabellos son parejos a los de la joven Belinda.[1] Tus ojos brillan con la suerte de la ingenuidad, y tus pecas son reflejo de las estrellas que se observan desde tu isla esmeralda.

—Gracias, Miss —respondí.

Era la primera ocasión que escuchaba esa descripción de mí, de hecho, no sabía quién era Belinda, y mi descripción de las pecas se puede aplicar a gran parte de la población irlandesa, aunque me hizo reconfortar.

—¿Sabes qué libros te mandé recoger?

—No, Miss —respondí—, no abrí el paquete donde se encontraban, Miss, aunque hubiera dado igual, no sabría qué contiene, ni su título.

—Cierto es, joven Aileen, uno es *La Morte d'Arthur*. El otro contiene romances en verso medievales. Uno es la historia de reyes ingleses que dieron gloria a la pérfida Albión, los otros son romances en los que caballeros realizan bellas acciones en honor de sus damas. Muchas gracias —prosiguió—, mereces otra guinea de oro; sabes dónde encontrarla.

Sin dudarlo un instante la recogí y la guardé en mi bolsillo.

Ella permaneció leyendo ambas obras, hasta casi el mediodía, hora de llegada de Célie. Momentos antes, se dirigió a mí y dijo:

—Guárdalos bajo el lecho en el que siempre te sitúas cuando lo preparáis cada mañana, obviando su presencia.

—Por supuesto, Miss —contesté, sorprendida, porque su ausencia no era tal; era muy consciente de los movimientos de cada mañana.

En ese momento, Célie hizo entrada en la suite, con aires de superioridad. Me miró y giró nuevamente su rostro, con indiferencia —incluso repulsión, diría—. Cuando se dispuso a sentarse, observé cómo Catherine me observaba desde el reflejo, y cuando cruzamos la mirada ella esbozó una leve sonrisa, a la que yo respondí con igual gesto.

Capítulo XIV

Los días transcurrían y percibí un cambio de actitud en Miss Catherine. Ya no se encontraba tan sumamente ausente, aunque permanecía en silencio en presencia de Célie, a la que despachaba en numerosas ocasiones para poder mantener breves —o no tan breves— conversaciones. Me narraba la historia de amor del Rey Arturo y Ginebra, de la traición de Lancelot, de los ideales del caballero, y de cómo ella se sentía parte de esta historia; como la bella dama a la que el caballero debía salvar de su castigo. Solo que, en esta ocasión, no era su desván, era la *suite* del hotel.

También me contó el porqué de su infortunio, aunque, tal y como ella me hizo entrever, era pasajero; el caballero volvería a buscarla. También su niñez, aislada por su condición de mujer. Creció leyendo libros donde la magia, los seres fantásticos —y la fina sátira con la que se despachaba a la iglesia y a todos aquellos que representaban estamentos importantes en la sociedad; frailes, comadres, caballeros caídos, entre otros—, moldearon su forma de ver el mundo, alejada de la sociedad.

En esos días me percaté de su fragilidad, a pesar de la dureza e inexpresividad del rostro que mostraba a Célie y a su padre.

Es como el cristal, pensé: dura, pero frágil.

Yo permanecía en silencio, sorprendida y curiosa por todo aquello que me contaba. Nunca nadie me había narrado esas historias con el detalle, dedicación e incluso ilusión como ella hizo conmigo. Para Catherine no existía la diferencia de clases: me consideraba alguien con la que compartir su conocimiento.

Capítulo XV

Una mañana, en la que Miss Catherine encomendó a Célie que recogiera un ramo de rosas del jardín del hotel.

—¿Rosas, Miss Catherine? —dijo Célie.

—Las más bonitas —respondió Catherine con soberbia.

Cuando se marchó, Miss Catherine se levantó, vino hacia mí y me dijo:

—Anoche volvió mi caballero, con su negro caballo, su cabello dorado, sus ojos marrones, su barba profusa, su espada… y hemos convenido que esta noche me recogerá y nos marcharemos para siempre.

Me quedé mirándola fijamente. No supe qué decir, mientras ella asía mis manos. Su rostro ya no era inexpresivo. Estaba repleto de ilusión: sus ojos brillaban, sus labios esbozaban una sonrisa propia de un niño inocente, sus manos, frías, temblorosas.

Se volvió hacia su tocador, se sentó, abrió el cajón y me dijo:

—Toma las guineas que quedan en la bolsa. No las voy a necesitar, mi caballero me proveerá.

Yo, sin dudarlo, me acerqué y recogí las monedas de su interior —unas diez—, y las escondí debajo de mi delantal. Nunca en mi vida había tenido tanto oro; es más, en mi vida había tenido dinero hasta su llegada. Lo recogí y me dispuse en mi lugar, con mis manos entrelazadas en mi espalda, hasta la llegada de Célie, con un bello ramo de rosas rojas y blancas que Declan ayudó a recoger.

Capítulo XVI

Una noche, me despierto sobresaltada. Un grito seco entra en mi cabeza. Abro los ojos, me incorporo y encuentro las puertas de nuestra estancia abiertas. Las demás duermen profundamente. Perpendicular al dintel encuentro a Miss Catherine, vestida elegantemente, de negro, sin miriñaque, capa negra y sombrero, que, aunque parecida a la vestimenta de su llegada, nada tiene que ver. Son más robustas, cual prendas elegidas ex profeso para una larga travesía.

Me mira y sonríe. Se marcha. Me levanto y me apresuro a ir tras ella, sin hacer ruido alguno que pudiera despertar a mis compañeras.

Ella marcha por esa suerte de pasillos con el conocimiento del que ya ha estado en anteriores ocasiones, aunque de sobra sé que ella jamás había pisado estancias de tan baja posición. Yo la sigo a distancia moderada, unos diez pasos.

Camina sobre los suelos de tapiz sin realizar ruido alguno; más bien se desliza, como si Merlín tuviera algún hechizo preparado para tal efecto. Solo la observo, midiendo con precaución mis pasos.

Llegamos al vestíbulo principal. Las luces se encuentran apagadas; solo una vela —de escaso remanente— ilumina el rostro de Declan, que custodiaba la puerta esa noche. Pero Declan duerme, no advierte llegada alguna.

Catherine camina hacia la puerta con decisión, sabedora de su destino, y de quien se encuentra al otro lado. Abre ambos portones, con una fuerza inusitada.

Observo una luna brillante, llena, que arroja luz sobre la plaza y sobre el propio jinete. Ofrece también su luz sobre las nubes circundantes, incluso permite observar la silueta de Arthur's Seat. Es un espectáculo mágico.

En la puerta hay un imponente caballo azabache con correaje negro. Un individuo misterioso, vestido completamente de negro y sujetando las riendas, no gira su rostro hacia el interior. El terror inicial que esta escena provoca se convierte en atracción. No puedo, nada más, que contemplar tan extraordinaria escena.

El caballero separa su mano de las riendas y se la ofrece a Catherine, quien, con la falda desabrochada para facilitar su movilidad, sube a lomos del caballo y se aferra a la cintura del jinete.

Se marchan lenta y elegantemente, produciendo los cascos del corcel un tañer sobre el suelo cuasi musical.

Capítulo XVII

Me despierto nuevamente en mi camastro, sobresaltada, aunque me relaja saber que todo lo acontecido ha sido nada más que un sueño. Sin embargo, advierto que la puerta se encuentra abierta. Cierro los ojos, aunque por un breve lapso; Mrs. Joyfull acude golpeando la puerta mientras grita:

—¡Señoritas! ¡Alex! Rápido, levántense.

El sobresalto provoca que todos salgamos con premura, sin aseo ninguno, sin reparar en nuestro estado de policía.

Mrs. Joyfull nos reúne en el vestíbulo, allí se encuentra Célie, con un nerviosismo extremo.

—Ha desaparecido —dice Mrs. Joyfull—, Catherine no se encuentra en la suite. Debemos buscarla. ¡Maldita sea!, ¡oh Dios!, debemos encontrarla antes de que amanezca, ¡esto puede ser nuestra ruina, nuestra ruina! —espetaba, mientras elevaba la voz.

Declan afirmó haberse quedado traspuesto. No advirtió ruido alguno, ni de personas ni de la puerta principal, cuyos portones realizaban un fuerte estruendo al abrirse. Además, la puerta se encontraba cerrada con llave, que él mismo custodiaba.

Todos buscamos, estancia por estancia: bajo las camas, en los armarios, tras las cortinas de las habitaciones, en la cocina, el jardín, incluso la azotea —que se encontraba cerrada con un candado—, a Catherine... sin suerte. En mí aún perduraba la pesadilla que horas antes tuve.

Con los primeros rayos de sol, informaron de la desaparición al padre de Catherine. Acudió al hotel furioso, airado, profiriendo gritos contra Mrs. Joyfull y Célie, que solamente inclinaron su cabeza, admitiendo que su custodia había sido un fracaso.

La llegada del magistrado y la policía extendió la búsqueda en los edificios anexos. De ellos solo quedaban los restos del incendio; eran esqueletos de madera abrasada por la furia del fuego. En uno de ellos encontraron el cuerpo de Catherine, yacente, entre los escombros, vestida con el camisón blanco con el que dormía.

Tanto el magistrado como el jefe de policía, amigos de Mr. Walden, resolvieron que Catherine se había precipitado desde la azotea, dadas las lesiones que observaron en su cadáver. Desde su ventana era imposible: hubiera sido encontrada en la plaza, lugar al que estaba orientada.

Cómo había accedido allí era un misterio. Declan aseguró tener en todo momento control sobre las llaves de acceso a todas las estancias, pero al haber admitido quedarse dormido, toda la culpa recayó sobre él. Para la policía, el magistrado y Mr. Walden, acusar a un irlandés allanaría la resolución del caso, por lo que fue culpado, engrilletado, encadenado y montado en una carreta, para ser trasladado a la cárcel y, obviamente, ser ejecutado.

Aunque no era el único pasajero, Célie fue acusada de robo por parte de Mr. Walden. Este, tras inspeccionar la habitación de Miss Catherine, advirtió que faltaban las guineas de oro que él había dejado a su hija, para que en el caso de que él sufriera algún infortunio, le procurara sustento suficiente hasta que su hermano mayor resolviera su herencia legítima.

Sin duda, sería condenada a muerte por el robo, pese a los juramentos entre lágrimas, de su inocencia. Esto aliviaría a Mr. Walden, castigando a la persona que debía velar por la seguridad de su hija, más que por el valor de lo sustraído. Mr. Walden poseía suficiencia económica para que esas monedas fueran meramente elementos ornamentales. Ya no eran monedas en circulación, aunque contenían la divisa perdurable durante toda la historia de la humanidad: el oro.

Cual cadena de infortunios, la mañana siguiente amaneció con el cuerpo ahorcado de Mrs. Joyfull, sobre uno de los árboles del jardín. Sin duda la inminente presencia de Mr. Francis tras lo acontecido y su sentimiento de culpabilidad hicieron que no soportara la presión de lo que veía como inevitable. Decidió que fuera Dios el que la juzgara, no la sociedad escocesa, inglesa ni su antiguo amante, que allí la dejó varada.

Aprovechando el revuelo, marché, —más bien escapé—, por la estancia principal, tapando mi cabeza con un pañuelo y girando apresuradamente la esquina hacia Royal Mile. Dejé Edimburgo y tomé un carruaje hasta Glasgow. De allí caminé hasta el puerto de Cairnyan, donde me embarqué rumbo a Belfast, haciendo el camino inverso de muchos irlandeses. Dos días después estaba en mi hogar, junto a mi padre y mi madre.

Capítulo final

Pasaron los años, y los tres disfrutamos de todas las monedas que Catherine me había regalado por sus servicios. Compramos cerdos, gallinas, una vaca y un buey que ayudara a mi padre a arar la tierra de los terratenientes ingleses.

Hasta que los impuestos de los ingleses nos hicieron perder todos los bienes adquiridos, incluso el buey y la vaca fueron confiscados en nombre de Su Majestad.

A todo ello se unió la enfermedad de la patata, que mermó Irlanda, por lo que tuve la desgracia de ver cómo mi padre y mi madre fallecían de disentería.

Y yo, que escribo estas líneas desde un hogar que una vez fue feliz, me despido, utilizando el método que Mrs. Joyfull empleó para acabar con su sufrimiento. Quizás consiga que —al igual que Miss Catherine—, un caballero negro me recoja en su corcel azabache.

[1] Alusión a *The Rape of the Lock* (1712), poema satírico de Alexander Pope. Belinda representa la imagen idealizada de la dama aristocrática inglesa.

La Mer

Capítulo I

La-Fa-Re-Do en Re menor, La-Fa-Re-Do en Re menor, La-Fa-
Re-Do en Re menor... Y así continuamente resuenan esas notas
musicales que mi padre, —que Dios guarde— tocaba antaño al
piano...

Abro los ojos. La claridad del sol se refleja sobre el azul del
océano. El brillo dorado de la arena de la costa ciega mis también azules ojos, que progresivamente absorben y adaptan esa
intensidad.

Me incorporo, sentado sobre la arena, y observo claramente
la inmensidad del mar, el sol saliendo por el este, y encojo mis
piernas para apoyar en ellas mis brazos.

Miro a un lado, al otro, pero no hay nadie, estoy yo solo.

Toco mi cabeza, ¿y mi casco?, miro a mi alrededor, ¿y mi fusil?
Pienso

¿Qué hago aquí? No recuerdo nada.

Froto mi cabello rubio para quitar restos de arena húmeda y
me incorporo. Una vez levantado, sacudo mi uniforme, sucio,
color verde oliva; mis botas negras, desgastadas por el paso del
tiempo y de los acontecimientos. Con mis manos apoyadas en
la cadera, miro a un lado y a otro nuevamente. La nada: arena y
océano juegan entre ellos a quitarse, periódicamente, un trozo de
territorio.

Al otro lado, un acantilado, insalvable, sin camino accesible.

Siempre se ha afirmado que el hombre, cuando se siente perdido, tiende a buscar un camino hacia su derecha.

Yo, en mi rebeldía ante pensamientos ancestrales y popula-
res, decido caminar en paralelo al acantilado, aunque hacia mi
izquierda, sobre la zona donde la arena está húmeda y no hunde
mis botas.

Capítulo II

Cuando el sol aún no ha alcanzado siquiera un cuarto de su ascensión sobre el horizonte logro ver un pequeño paso donde el final del acantilado siente el golpe incesante, —aunque hoy suave—, de las olas del mar.

Atravieso este paso sin dificultad alguna, sin duda, —digo para mis adentros—. He acertado con el camino.

La perspectiva ahora es totalmente distinta. Un panorama mucho más agradable se presenta ante mí.

A mi derecha sigue extendiéndose la costa; a mi izquierda, en cambio, la arena continúa en una duna frontal, coronada por tallos verdes y dorados. Decido ascender este arenal costero, que se extiende paralelo a la línea del mar.

Ante mí la planicie, fácil de reconocer por sus tonos verdosos: una hierba verde apagada, extensa.

Sin duda, estoy en Normandía.

Continúo andando, mientras una suave brisa mece las hojas de hierba: un aire que entremezcla sal y frescura.

Capítulo III

Camino durante un tiempo, guiado por el movimiento del sol, que va ascendiendo hasta convertirse en la figura prominente e imponente, que ciega con su presencia.

Logro ver cómo se extiende un bosque, frondoso, por lo que decido llegar hasta él en busca de un camino que me lleve a alguna población cercana, donde hallar cobijo antes de llegar la noche.

Al llegar a esta densa aglomeración de árboles, distribuidos con el sentido que la naturaleza estima oportuno, me encuentro con el comienzo de dos caminos.

Y en ese cruce, sobre una roca gris, se encuentra sentada una persona. —Por fin alguien— digo, para mi completo alivio.

Este personaje, que adivinaba en la lejanía por su sola silueta, va tomando forma. Distingo sus vestiduras: chaqueta y pantalón grisáceos, chaleco del mismo color que se sobrepone a una camisa blanca, abrochada en su parte superior por un lazo negro. Porta sobre su cabeza, aunque consigo distinguir sus cabellos rubios, una boina típica gala, un «faluche».

Cuando me encuentro a escasa distancia, observo que tiene su mirada azul fijada en mí, con una leve sonrisa sardónica. Su expresión, lejos de hostil, transmite una extraña alegría.

—Bonjour, no te esperaba tan pronto… ¿o quizás sí? —comienza a decir, mientras saca un reloj de cadena del bolsillo de su chaleco. En ese momento desliza su mirada, brevemente para consultar la hora.

—¿Pe-pe-pe-perdone, señor?, siempre se me han atrancado las palabras, desde que era niño, —de lo cual no hace mucho tiempo—, al hablar con desconocidos, como también cuando me siento muy nervioso.

—Ja, ja, ja, ja —exclama el desconocido, en una respuesta que le parece cuanto menos hilarante—. Bien, ¿quién eres tú?

—Luc, señor, me llamo Luc.

—Muy bien, Luc, ahora dime —levanta su brazo izquierdo y apunta su dedo índice hacia mí—: —¿Quién eres tú?

—¿Yo? —coloco mi mano derecha sobre mi pecho, en mi corazón.

En ese momento, una explosión interna de recuerdos: una descarga de tranquilidad.

—Me llamo Luc, señor; soy del sur de Francia, de un pueblo cercano a Burdeos, tengo diecinueve años, y soy soldado del ejército francés.

Señalo mi hombro... y, para mi sorpresa, no lleva distintivo ninguno. No porto ninguna identificación como soldado, más allá de mi desvencijado uniforme.

—¿Soldado? Vaya... tú eres uno de esos jóvenes que no se conocen y se matan entre ellos, por viejos que sí se conocen y se odian entre ellos...

—Supongo que sí —respondo.

Ese comentario me hace reflexionar en un breve lapso, y asiento, cabizbajo, a sabiendas de que está cargado de razón.

—¿Y dónde te diriges, joven soldado?

—Sinceramente, no lo sé. Me he despertado en la playa hace varias horas, desprovisto de armamento y sin rastro alguno de mis compañeros.

Busco un lugar donde refugiarme e intentar saber del paradero de mi batallón.

—Magnífica idea, luchar por reunirte con tus compañeros, que no han dudado en ningún momento en dejarte solo en la playa.

Luchar por tus ideales, por tu país...

No me cabe duda alguna de que tu patria estará agradecida contigo, te recibirán entre aplausos, condecoraciones, y tus oficiales te colmarán de abrazos. Es más, cuando llegues, habrá una sonada cena de bienvenida.

Su sarcasmo es evidente, feroz, aunque no contra mí, sino con la impronta que subyace sobre mí.

Prosigue: —Bien, pues tienes dos caminos, tienes que elegir, como en la vida.

Este camino de tu izquierda —del cual vengo—, lleva al bosque. En un principio lo rodeas, pero al cabo de un tiempo se adentra y se vuelve oscuro, denso, espeso.

—Y —añade mirando al cielo y nuevamente a su reloj— no vas a tener tiempo suficiente de llegar a la población más cercana.

—La otra opción que te propongo es que te unas a mí y tomemos el camino de la derecha. Este lleva a una población cercana a la abadía de Mont Saint—Michel, y a buen paso, llegaremos antes de que anochezca.

Por un momento dudo, incluso reflexiono sobre las pocas decisiones que he tomado en mi vida.

Decido unirme a este personaje. Creo que es la mejor decisión, si dice la verdad.

Capítulo IV

Llevamos ya un tiempo caminando, él adelantado, a una distancia prudente, yo detrás a menor ritmo, por lo que comienzo a entender el comentario del hombre sobre que no me esperaba tan pronto. La agilidad y la frescura de mis piernas en absoluto han sido mis puntos fuertes, y si destaco en alguno, no lo he descubierto aún.

La senda, sencilla, permite ver —desde una posición elevada—, el litoral imponente de la costa, a mi derecha, y el bosque, cada vez más lejano, que se desnuda al entremezclarse con estos inmensos campos de hierba.

Algunos viejos árboles encontramos: han visto pasar tormentas, días soleados, han visto personas llenas de júbilo y algunas llevadas por una tristeza brutal; han servido de cobijo a animales y han proporcionado sombra a otros en los días calurosos.

El camino transcurre en total silencio, dada la distancia que nos separa. Aunque por un momento se detiene, esperándome junto a un grupo de árboles. Una fresca brisa los hace danzar.

En ese momento aprovecho para preguntarle si resta mucho camino.

—Discul...

—Shhhhhh, calla, Luc... solo escucha, no oigas...

—¿Qué sientes?

—Una agradable brisa, señor —contesto.

En ese momento se torna hacia mí y en un tono suave, aunque asertivo, dice:

—No lo escuchas, solo oyes y sientes lo que tu cuerpo te dice que sientas. ¿Escuchas el movimiento de las ramas de los árboles?

Hablan entre sí, gracias a la intervención de esa brisa que tú consideras «agradable». Todo está perfectamente engranado, como una maquinaria precisa... como el reloj que llevo en mi chaleco.

Enigmáticas e incluso sarcásticas palabras, pienso.

—Ahora, Luc, escucha:

Entonces se levanta una leve, pero continua brisa que proviene del interior de la inmensidad del océano, que levanta la arena. Escucho los millones de motas de arena fina golpearse entre sí produciendo un sonido sibilante.

Llega hasta mí, sintiendo cómo me atraviesa. No golpea en mí. No flanquea mi presencia. Continúa hasta los árboles que emiten un sonido continuo e irregular. Sus hojas bailan a su ritmo.

La brisa acaricia cada hoja de hierba hasta perderse en el interior de la planicie.

—¿Y ahora? —dice, dirigiendo su mirada hacia mí, sabiendo —fehacientemente— que algo en mi conciencia ha cambiado.

—No sabría qué decirle, señor…

Si bien es cierto que jamás había tenido esta indescriptible sensación.

Con una sonrisa de aprobación —y de conocimiento—, y unos ojos que brillan igual que el azul del océano, dice:

—Suficiente. Continuemos.

Capítulo V

Proseguimos la marcha, en iguales condiciones, hasta encontrar un saliente con dos rocas.

—Paremos aquí. Hagamos un receso.

Una vez sentados frente al océano, ofrece una disculpa:

—Perdón, soldado. No tengo alimento ni agua que ofrecerte. Aunque no te preocupes: llegaremos a nuestro destino antes de que el hambre o la sed haga mella en tu estómago.

—Dime… ¿tienes hambre o sed?

—La verdad es que no, señor, y me sorprende porque no recuerdo haber probado bocado alguno.

—Bien, es lo normal.

¿No tienes tú nada que ofrecerme?

—Yo no tengo alimento alguno, señor. Mi cantimplora también desapareció.

—No es esa ofrenda la que quiero que me otorgues.

¿No tienes ninguna pregunta sobre mí?

¿Has comenzado un camino con un desconocido… no te has parado ni a preguntar mi nombre, mi origen o mi destino?

—Mis más sinceras disculpas, señor. ¿Sería tan amable de indicarme su nombre? —pregunto, en una total muestra de respeto y cortesía.

—Deberías saberlo ya —responde.

—Llevas horas detrás de mí y no lo has observado. Y mi origen y destino lo conoces, vengo del pueblo allende el bosque y me dirijo a Mont Saint—Michel, el resto… no hace falta que lo sepas. Aún.

Me quedo en total silencio. ¿De qué debería haberme dado cuenta?, solo he visto que es francés, de estatura elevada, delgado, cabello rubio, ojos azules, como los antiguos pobladores normandos que habitaron este territorio hace ya mil años. De su vestimenta, algo extraña para un peregrino; totalmente alejado de la religiosidad y cercano a la de un viajante, alguien que recorre pueblos vendiendo productos, aunque no porte maleta alguna.

Aunque —en un intento de reconducir la conversación— pregunto:

—¿Por qué no hemos encontrado ningún resto de ninguna batalla? Ni cuerpos ni carros de combate, ni trincheras... ¿nada en nuestro camino?

En ese momento, su tono cambia, de asertivo pasa a directivo:

—No encontrarás resto alguno de esa aberración en lo que dure el camino y en tanto en cuanto alcance tu vista, puedes estar tranquilo en ese aspecto.

Los cuerpos habrán sido enterrados: formarán parte del ciclo natural de las cosas. Las trincheras que podrás observar son las que dan cobijo a hurones y conejos.

Y el carro de combate...

Es más sencillo que Elías baje con su carro de fuego desde el cielo a que te encuentres con tamaño invento de destrucción. Aquí acabó cualquier contienda, joven muchacho, nuestro cometido es llegar a la abadía, y tiempo bastante hemos perdido aquí sentados, continuemos.

Capítulo VI

Proseguimos nuestro camino hasta que el sol comienza a ofrecer sus tonos anaranjados sobre el cielo, y sobre una tierra que entremezcla sus tonos verdes y dorados; ya muestra su decadencia... el imperio de la noche.

Aunque el señor de gris —como yo lo autodenomino, para frivolizar su misteriosa presencia—, me deja más incógnitas que certezas.

Cierto es que desconozco su nombre y vagamente sé su origen y procedencia. Quizás todo esto se deba a un embuste y me entregue a tropas enemigas. Quizás sea un charlatán con ideas alejadas de la realidad.

O... quizás... sea una mano amiga.

Capítulo VII

Tras continuar por este sendero llano, observo cómo a medida que el sol se va desvaneciendo en el oeste, absorbido por la línea del horizonte —como ya he mencionado—, la inmensidad de la oscuridad se cernirá sobre nosotros en no mucho tiempo.

Esto me muestra otra faceta del inmenso océano. Ya no ofrece ese color azul. Ahora se torna grisáceo y se difumina sobre el tono oscuro que ofrece el final del día.

Mientras proseguimos la marcha, el señor de gris se detiene otra vez. Esta vez otea el horizonte, logrando que los escasos rayos de sol que aún emanan del astro rey impacten sobre su tez y la bañen de un tono dorado. Nuevamente se dirige a mí:

—Luc, mira... ¿ves, al final del camino, justo en la parte derecha de la línea del horizonte, el pueblo? ¿ves la abadía?

—No, señor —respondo.

—Contaba con ello.

Ves... pero no miras, andas... pero no caminas.

—¿Perdón?

Le digo la verdad, lo que me ofrecen mis ojos.

—Tus ojos no son la verdad absoluta.

Quiero que te concentres.

Quiero que no veas con los ojos... quiero que veas con tu alma.

Ya has tenido esta sensación, —lo sé—, lo percibí cuando has sentido de verdad la brisa.

Miro hacia abajo, a mis botas desgastadas cuyo color negro se ha diluido con manchas de restos del camino. Evito así permitir que los rayos de sol afecten a una visión más centrada.

Obedezco... al igual que cualquier militar obedece sin excusa alguna a los mandatos de su oficial.

Levanto la mirada. En primer lugar, veo su rostro, aún dorado por esos rayos remanentes de sol. Luego fijo la mirada hacia el lugar que me indica con su mano derecha nuevamente alzada y su dedo índice.

Y en efecto… ahí está. Consigo observar el tono plomizo de los tejados de roca metamórfica propios de Normandía. Aún brillan con los rayos del sol agonizante.

Justo a su derecha consigo ver, aislada en medio de la inmensidad del mar, aunque rodeada a cada flanco por dos cabos que parecen custodiarla, una silueta espectacular: unas agujas que apuntan hacia el cielo, indicando que la respuesta se encuentra arriba, en el firmamento.

El brillo de una de las estrellas que madrugan corona tal fastuosa combinación.

—Impresionante —afirmo.

—Lo sé. —Continuemos. Con suerte, llegaremos en poco tiempo.

Capítulo VIII

Tal y como indicó el buen señor, nuestro periplo, sin duda marcado por sus hieráticas disquisiciones y por su enigmática figura, parece llegar a su fin.

A medida que nos vamos acercando a ese grupo de casas, la oscuridad nos va atrapando, hasta el punto de que alcanzamos el asentamiento cuando apenas se pueden adivinar las luces encendidas en el interior de algunos hogares.

—Bueno, Luc, ya hemos llegado, aunque no es momento de que perturbes a algún morador de estas viviendas.

Te propongo que pasemos la noche en esta humilde casa que tenemos a nuestra izquierda.

Mañana, si así lo deseas, solicita información a cualquiera de los vecinos y entonces… separaremos nuestros caminos.

Se trata de una vivienda construida en roca gris oscura, con techo de pizarra.

Una ventana sin rejas, con una ventana de dimensiones aceptables y una puerta de madera sin barnizar, tirador negro.

Un pequeño jardín sin cerca alguna.

Sin duda, un lugar acogedor, que transmite paz.

—Estoy de acuerdo, señor —contesto.

Descansar no me vendrá nada mal.

Si mañana algún vecino me informa de dónde están mis compañeros, tendré que comenzar, quizás, un largo camino hasta reencontrarme con ellos.

—O quizás no —responde él.

Venga, entremos.

Capítulo IX

Cuando entramos a esa humilde morada, nos encontramos con que, debido a la penumbra, los objetos del interior poco se pueden distinguir, salvo por su silueta.

A causa de la guerra, esta zona carece de electricidad, por lo que mi acompañante, o quizás mi guía, toma un candil que hay a la entrada del domicilio, sobre una mesa.

Enciende la mecha con un mechero de gasolina que extrae del bolsillo izquierdo de su chaqueta gris.

Con esa tenue, pero suficiente, luz advierto la escasa ornamentación de la vivienda: una mesa robusta, una chimenea para ofrecer calor y dos puertas. Una situada en la parte derecha de la cocina; la otra, probablemente sea la habitación. No hay nadie más en el interior.

—Pasa, Luc. Siéntate —dice, mientras se despoja de su boina y su chaqueta—. Buscaré algo en la alacena que nos sirva para cenar.

Abre la puerta, con naturalidad, como si tuviera en todo momento conocimiento de dónde está cada elemento.

—Quizás haya estado antes… quizás se hospede aquí en sus viajes —pienso.

Saca de la despensa toda suerte de quesos de la tierra, una hogaza de pan, vino y algunas chacinas: saucisson, chorizo, jamón.

Suficiente para pasar la noche con el estómago satisfecho, y quizás suficiente para poder llevarme en mi posible travesía en busca de mis compañeros.

Encima de la mesa se encuentran dispuestos todos esos manjares: un cuchillo, una botella de vino y una jarra de agua.

Se sienta frente a mí.

—¿Vino? —pregunta…

—No, señor, no me gusta el alcohol.

—¿No eres lo suficiente hombre para beber, pero sí para matar?

Esa pregunta penetra en mi mente como un aguijón e ilumina, nuevamente, mis recuerdos.

—De hecho, señor, no he matado nunca a nadie.

Mi padre falleció años antes de la guerra, y mi madre le siguió meses después consumida por la pena.

Me quedé solo.

Mi hermano partió a Sudamérica huyendo de la guerra de la que yo no fui capaz de escapar. El ejército francés, en busca de reclutas, llamó a filas a todos los jóvenes. Y solo, huérfano y sin lugar donde huir, fui alistado.

—Prosigue, Luc. Dime quién eres.

—Me llevaron al frente, a primera línea de batalla, contra el ejército alemán, hacia el Bosque de Las Ardenas…

De repente, un escalofrío recorrió mi cuerpo…

—Bien, Luc, suficiente, disfruta de estos alimentos.

Comimos en total silencio. Yo observaba su rostro iluminado parcialmente por ese candil: no mostraba indiferencia, sino satisfacción. La suficiencia de haber cumplido su cometido.

Todo lo contrario, sentía yo. Los recuerdos me habían dejado tembloroso, inquieto, intentando recordar más allá de las palabras que dirigí… aunque en el fondo de mí, probablemente conociera cuál fue mi destino.

Una vez acabada la cena, el señor se levanta, y dice, con voz suave, casi familiar:

—Luc, tengo una sorpresa para ti… Bueno, más de una —apunta mientras sonríe, pero estoy seguro de que lo vas a disfrutar.

Se dirige a la alacena y vuelve con unos dulces típicos de mi región, los canelés.

—¡Oh cielos, pero si son canelés!

—Lo sé, Luc.

—Mi madre los preparaba todos los domingos, señor.

—También lo sé. Disfruta de ellos. Cuando acabes siéntate frente al fuego. Tenemos que hablar, quizás haya algo que es importante que sepas de mí. Y de ti.

Capítulo Final

Una vez hemos finalizado, tal y como me indicó el señor, nos sentamos en unas sillas de madera sin respaldo frente al fuego. Lejos de hablar, escuchamos el crepitar de las maderas en el fuego, que ilumina parcialmente la estancia.

La luna ilumina con su reflejo, a través de la ventana, tímidamente la estancia. Ambas fuentes de luz no se entremezclan, cada cual adquiere su parcela, como si se respetaran mutuamente.

El hombre de gris toma el atizador para mover cuidadosamente los leños incandescentes. Comienza a entonar una música. Un silbido suave. Melódico.

—¿Qué está silbando, señor…? Yo, yo recuerdo esa melodía… esa es la melodía que… no puede ser.

—Lo es, Luc. La-Fa-Re-Do en Re menor. Ahora escuchas, no simplemente oyes.

—Pero esa melodía la tocaba mi padre… —le observo. Sus ojos azules, su cabello rubio, su elegancia al vestir, comienzo a temblar y emocionarme.

—Ahora observas, Luc, no solamente ves. Me has estado viendo durante todo el camino y no has sido capaz de intentar saber quién soy, aunque me conocieras.

—Pero has fallecido… yo mismo fui a tu entierro.

—¿Qué es morir, Luc?, dime.

No encuentro palabras más allá de la emoción de reconocer su rostro, totalmente incrédulo y desconcertado por lo que estaba ocurriendo.

Antes de que pudiera articular palabra alguna, prosigue:

—Pequeño Luc, has tenido señales que no has sabido interpretar. Por ejemplo, tu tartamudez ha cesado, tu consciencia no lo sabía, tu subconsciente sí. Estabas ante un conocido, ante un familiar.

No has dudado en ningún momento en aceptar todas mis propuestas, demandas, sin objeción alguna, tu consciencia no lo sabía, tu subconsciente sí.

—Pese a ser intencionadamente despótico, en ningún momento has mostrado irreverencia alguna, como tampoco sumisión, has sido igual de respetuoso que fuiste siempre conmigo, tu consciencia no lo sabía. Pero tu subconsciente... sí.

—La música que interiormente sí escuchabas era mi llamada. Sabía dónde situarme para encontrarte. Te conozco tan bien que sabía que tomarías el camino hacia tu izquierda.

Sus palabras provocan en mí una mezcla de sensaciones. Una inmensa felicidad por descubrir que este extraño es mi añorado padre Jean—Luc. Por otra, aún no logro entender el porqué de tan extraña aparición. Mi consciencia no lo sabía, mi subconsciente, quizás sí.

—Y antes de que tus palabras yerren, contestaré por ti. ¿Qué es fallecer?

Luc, fallecer es abandonar tu cuerpo terrenal, pero todas las cosas que vemos, tocamos y existen en este universo tienen el mismo material. Y tienen la misma energía.

Tú has visto cómo la brisa ha traspasado tu cuerpo, porque eres del mismo material que la brisa, que los árboles, que el mar. Esa brisa comenzó en el océano, y esa brisa acaba en el bosque, habiendo realizado su cometido.

—¿Su cometido? ¿Señor Jean—Luc?... Aún no soy capaz de pronunciar la palabra padre...

—Señor Jean—Luc ¡Ja, ja, ja, ja!, hijo, así solamente me llamaba el banquero de Saint Loubès cuando recogíamos los ingresos semanales. ¿Recuerdas, Luc?

—¡Ja, ja, ja, ja!, es verdad, padre.

Por un momento, experimenté una interacción paternofilial que no había tenido en mucho tiempo. La disfruté, a cada breve segundo.

—Continúo. Esa brisa lleva un mensaje, un código que la naturaleza lleva transmitiendo eones, indica, si es suave, que la primavera está cercana; si es seca, que la canícula se encuentra próxima, o si es húmeda, que una tormenta pronto arribará a sus costas.

Y ese mensaje lo recibe el resto de los elementos de esta naturaleza: desde las hojas de hierba que has visto en las inmensas praderas, hasta una abeja que se encuentra en el bosque sobre una preciosa flor.

Repito: todos interpretan su código. ¿Sabes lo que te quiero decir, Luc?

—No del todo...

—Bien, pues todo sigue un orden establecido. Toda la energía se canaliza en la formación de todas las diferentes entidades del universo. La luz de la estrella que brillaba sobre la aguja de las torres de la abadía es energía emitida... quizás antes de que se formara la tierra que has caminado.

Todo está meticulosamente organizado, en un ciclo perfecto. Como el reloj que guardo en mi bolsillo.

(Saca el reloj de cadena y me lo entrega)

—¿Qué ves?

—No tiene manecillas.

—En efecto, Luc, no las tiene, porque el tiempo es propio de la mentalidad humana, para controlar lo que tiene alrededor. Pero lo importante no es el tiempo, Luc.

Es el perfecto engranaje que tiene en su interior, y que su cubierta, cristales y pantalla no te permiten observar con detenimiento. Pues este es el orden de las cosas que ves, tocas o sientes.

No naces, no mueres. Vives dentro de la energía, esa energía lleva aparejada tu alma. Y tu alma es buena, Luc...

¿Entiendes ya por qué estoy aquí?

—Creo que sí.

En ese momento, unos tímidos rayos de sol entran por la ventana.

—Bien, Luc, tu momento ha llegado. Salgamos, fuera hay alguien, de la que estoy seguro que te alegrará ver.

Me incorporo junto a él, el cual levanta nuevamente su brazo derecho para cubrir mi hombro izquierdo, en un gesto paternal. Avanzamos hasta el umbral de la puerta. Una vez abierta, la luz del sol no es dorada: es de un poderoso blanco que me permite escrutar una silueta. Reconozco quién es. Ella me espera impasible, aunque consigo observar cómo mueve su brazo derecho, en señal de bienvenida.

Por fin nos reunimos, nuevamente los tres. Todo es paz, he encontrado el sitio que perdí. Ahora estoy en casa.

—Avancemos hacia la abadía. Es bajamar —dice mi padre.

—Vayamos —contesto.

Avanzamos mientras que la abadía emana una luz blanca envolvente, atrayente, mágica.

Giro mi cabeza para mirar atrás no por añoranza, sino por curiosidad. Todo está cubierto de agua tras nosotros, como si la pleamar nos siguiera a cada paso que avanzamos. Mi sitio aquí ha acabado. Ahora sí entiendo todo.

Páramo

Introducción

Observo esta planicie desde mi fría ventana. Los días posteriores a la Pascua, en el altiplano, al noroeste de la península ibérica, me devuelve una mirada gélida. Un cielo gris, anodino, cuyos rayos de sol no arrojan luz sobre un suelo que parece yermo, cubierto con diminutos arbustos impregnados por un rocío que lo convierte en un paisaje desolador. Un camino, trazado perpendicularmente, bien definido, cuyo destino ignoro. Estos tres elementos se funden en la línea del horizonte donde se difuminan y se mezclan entre sí.

Me llama la atención la presencia de un vetusto árbol, que, a lo lejos, parece desafiar este clima extremo, aunque por la apariencia, quizás solo sea el reflejo de la vida que tuviera antaño. Esa desolación viene acompañada por algo que quizás llevaba tiempo sin disfrutar, o quizás padecer: el silencio.

Capítulo I

Este silencio es ya un vago recuerdo. Acostumbrado al bullicio de las calles de París, su vida, sus voces incesantes, el trasiego de pequeñas —y no tan pequeñas— embarcaciones que podía escuchar desde mi estancia en las inmediaciones de Rue Dauphin, próximo al río Sena, donde residía cómodamente con mis emolumentos de capitán al servicio del Roi Louis XVI.

Era un hombre casado, con una hija traída a la vida meses atrás, la cual nos henchía de orgullo a Marie y a mí.

Como cabe esperar, este bullicio fue incrementándose en los últimos tiempos; ya no eran beodos gritando en la calle, perseverantes vendedores de libros o cualesquiera que fueran sus productos. Se percibía en el ambiente una situación extraña, el clamor popular se transformó en consignas en favor de la Révolution. Esta palabra impregnó las mentes del pueblo; la mayoría de las gentes apelaban a esta revolución sobre una monarquía que, según ellos, los tenía sumidos en la más vil pobreza.

En mi caso, como fiel servidor a la monarquía, esta Révolution, que comenzó como un susurro, acabó transformándose en un grito seco que resonaba en el interior de mi cabeza. Tal era su fuerza que la única forma posible de evitarlo hubiera sido mediante el invento de Ignace de Guillotin, artefacto que dio cuenta sobre Marie Antoniette o Louis Capet.

Pero yo no corrí esa fortuna. Días antes del catorce de julio, mi esposa Marie y mi vástago, junto a nuestros sirvientes, Luc y Sophie, logran escapar de una tumultuosa ciudad, tomada por paisanos que, armados con utensilios de labranza, recorren las calles apelando a su derecho a cambiar el poder absoluto del soberano.

Su marcha es a territorio vecino, gobernado por parientes del rey: L'Espagne. Ese país allende los Pirineos que habría de proporcionar refugio a mi familia. No es ese mi destino. Debo defender a un rey al que he jurado obediencia.

Aunque esta obediencia pronto se transformó en una dicotomía. Por mi mente solamente circulan las palabras: Revolución, por un lado; Honor o familia, por el otro.

Me decidí por esta última, advirtiendo de ello a mi familia y sirvientes antes de partir, aunque el deshonor me persiga durante toda mi vida. Es a mi familia —mi amada Marie y a la pequeña Stephanie— a la que debo dar prioridad.

En una cálida noche de vísperas del catorce de julio, abandono L'École Militaire, donde mis huestes se encuentran acuarteladas a la espera de una brutal represión contra los sublevados. Aprovechando el cambio de guardia, y ataviado con ropajes raídos, consigo escapar y, haciendo pasar las veces por mendigo, me dirijo a unas caballerizas próximas al campo de Marte, donde me proveo de un penco que me reúna junto a ellos.

Consigo, no sin dificultad, sortear la suerte de revolucionarios y militares que circulan por las calles, así como de los puestos de control que estos últimos tienen establecidos en las entradas estratégicas de la ciudad.

El paso hacia la península es solitario, pero lleno de sensaciones. Por una parte, me siento un traidor a mis ideales; por otra, intento saciar mi ansiedad con el estímulo de reencontrarme con mi familia.

De ahí nace mi desdicha. Al cruzar los Pirineos por la zona de Baiona, donde —en una población ya de territorio español— hemos convenido reencontrarnos, mi deseo se torna en frustración. Llego a esa minúscula aldea de la Vasconia, a una vieja casona donde debían estar esperándome. Abro la puerta y la encuentro vacía, sin vida. Llamo a mi esposa: nadie contesta; llamo a Luc. Nadie contesta. Llamo a Sophie. Nadie contesta.

Elevo la voz, cada vez más fuerte, como también quebrada, pero solo recibo lo que ahora me inunda: el silencio. En el centro de la estancia principal, una mesa. Encima de la mesa una carta. En esa carta pone mi nombre, Pour Jean—Luc.

Chèri Jean-Luc, mon amour.

Desde las pocas fuerzas que ahora me quedan te escribo estas letras, mis últimas palabras antes de conocer la existencia de Dios personalmente.

La suerte no nos ha acompañado, la desgracia ha caído sobre nuestra familia, la pequeña Stephanie murió entre mis brazos, no teníamos donde dormir, y la poca comida que pudimos coger en París se agotó a mitad de camino. No tuvimos oportunidad de encontrar comida, y los pueblos que encontramos negaron a «Les Parisiens» algún sustento.

El extremo pesar por la muerte de la pequeña Stephanie acabó con mis escasas fuerzas, dejando que unas fiebres voraces inundaran mi cuerpo, hasta el punto de no poder sujetar incluso la pluma con la que, desde esta cama, te escribo.

Recuerdo mi infancia, junto a mis hermanas, que Dios guarde, pero sobre todo te recuerdo a ti, mi amado, recuerdo cómo llamaste mi atención, ataviado con tus nobles uniformes, mi negativa, aunque ardiera en deseos de estar junto a ti. Tu perseverancia en tener mi amor, que al final conseguiste. Recuerdo mis paseos junto a ti en la ribera del Sena, recuerdo cómo nos juramos amor eterno sobre el Pont Royal.

Y este amor será eterno, el que yo te guarde en la otra vida, y donde te esperaré siempre, junto al fruto de nuestro cariño, la pequeña Stephanie.

Je t'aime pour toujours.

Marie.

Exclamo ¡Maldita zorra diosa fortuna!, mientras, la ira me consume. Golpeo todo lo que me encuentro a mi alrededor, fruto de mi frustración y rabia.

Subo a la planta superior, donde se encuentran las distintas estancias, pues supuestamente, Marie ha fallecido en una de ellas. Encuentro una nota, simple, donde reza: «Cémétiere d'Andouaine». Sin duda alguna, ha sido escrita por uno de mis sirvientes, ya que vagamente puedo distinguir las palabras de estos malditos analfabetos. Maldigo a estos malditos bastardos que han permitido que haya perdido a lo único que me ataba a la vida terrenal: un hombre sin honor ni honra.

Capítulo II

Me apresuro en llegar a ese cementerio, rodeado por suaves montañas teñidas de verde, mientras una neblina me acompaña en ese breve, aunque emocionalmente intenso camino.

En el momento de llegar, me encuentro un arco de piedra —piedra que, irónicamente, alberga vida. Sus musgos tiñen su color grisáceo y ofrece tonalidades verdes. Es la exuberancia de ese verde, y su contraste con el gris de la piedra, del cielo y de la neblina lo que convierte a este paraje en un sitio enigmático, atrayente, envolvente.

Aunque no detiene mi paso.

Decidido, abro la puerta de hierro forjado y entro en el camposanto.

Busco entre las tumbas, algunas abandonadas a su suerte, con empedrados y cruces, bañados por el mismo musgo que impregnaba el arco de la entrada. Tal vez lleven decenios, incluso siglos erigidas, a personajes ilustres de la zona. También observo que otras, más modestas, de paisanos cuyo destino estaba escrito desde el día que fueron alumbrados: su eternidad pasaría por formar parte de la tierra; «del polvo vienes y en polvo te convertirás», decía la Biblia, religión que yo jamás he venerado.

Tras un breve lapso, encuentro una cruz de madera, erigida sobre un leve promontorio que indica que la tierra ha sido removida escaso tiempo atrás. Carece de un manto de hierba verde que haya crecido sobre ella, como así advierto en el resto de las cárcavas. Como si fuera guiado por una fuerza sobrenatural me dirijo, sin duda, a esta cruz, donde encuentro grabado sobre madera los nombres de Marie y Stephanie.

Me pregunto el porqué de estar yaciendo juntas si fallecieron en distintos días. Llego a la conclusión de que quizá el amor de Marie por su hija la llevó a trasladar su cuerpo inerte junto a ella, viéndose ella en brazos de una fiebre que advertía como muerte inminente.

Entro en pánico, locura, al ver que todo lo que tengo —salvo el rocín que sustraje en París— se encuentra bajo esta tierra parda.

No puedo contener mis instintos más primarios. Necesito ver sus efigies por última vez, así que, fruto de esta locura, me proveo de una pala que estaba apoyada en un panteón y comienzo a excavar: primero con esta, luego con mis manos desnudas.

Allí está Marie. Su bello e inerte rostro. Hace pocos días que ha sido enterrada, vestida con el mismo vestido en el que, en París, nos dijimos adiós. Sobre su pecho, envuelto en una mortaja, se adivina la forma de un bebé.

No puedo dejarlo así.

Capítulo III

Sigo mirando la nada, o el todo, la inmensidad de la vacuidad, desde la ventana de la pequeña morada a la que conseguí llegar. Como he mencionado, se encuentra en la planicie castellana, cerca de una población llamada Cea.

Es una casa humilde, de dos plantas, con una zona destinada a criar animales y rodeada por una valla de piedra. La puerta de entrada es un arco gris, de la misma piedra que circunda la casa.

Su interior también es humilde: una chimenea que hace las veces de fuego para cocinar, una mesa y cuatro sillas, de las cuales me sobran tres. La planta superior tiene dos estancias: una suerte de camastro para dormir —o en mi caso, para que los demonios me visiten cada noche—, y otra tiene otro catre, que siempre mantengo cerrado. Cada vez que subo las escaleras, ofrece la sensación de no encontrarme solo.

Pero nada pasa. Todo es soledad. No hay pastores que transiten por los campos, como tampoco he advertido carro o persona alguna que haya transitado por este camino que se funde con el horizonte.

Capítulo IV

Paso los días como alma en purgatorio. Después de intentar dormir —donde los recuerdos de todo lo acontecido impiden siquiera que entre en estado de vigilia, o al menos eso creo— a veces me despierto sobresaltado, con sudores, pese al gélido ambiente de esta casa.

Esta tiene escasa o nula iluminación, las pocas ventanas —una por estancia— permiten la entrada de luz que el día ofrece, pero en estas fechas es tan exiguo que apenas consigo adivinar la presencia de objetos por su silueta.

Tras vestirme con los harapos que tuve la suerte de encontrar en uno de los baúles de este chamizo, salgo a recoger los que las gallinas —que tuve la ocasión de poder intercambiar, junto a algunos alimentos curados y en salazón, por mi moribundo caballo— han dejado, dos, quizás tres huevos… o quizás ninguno.

Estoy a merced de estos animales. Soy su mendigo, ya que los alimentos que intercambié comienzan a escasear, y apenas puedo alimentarme solamente una vez por día.

Recojo leña, la cual disminuye a un ritmo infernal, y de la que dudo que tenga suficiente para pasar el duro invierno. Extraigo agua de un pozo para asearme y beber, aunque lo primero me importa poco. O nada.

Una vez que he realizado todas las tareas, me dirijo a la ventana que está en la estancia principal y contemplo, desde el orto al ocaso, cómo los días pasan, uno tras otro, siendo yo parte de esta naturaleza inmóvil.

Capítulo V

Aunque todo cambia.

Uno de esos días grises, como impronta de la naturaleza.

Me encuentro observando junto a la misma ventana, ataviado con los mismos ropajes, después de haber cumplido las tareas diarias. Entonces algo extraño —o al menos relevante— ocurre.

De esa comunión entre cielo, horizonte y camino se yergue una columna de humo gris, que, aunque difícil de desdeñar, es posible distinguirla de la neblina que inunda el vacío. Esta niebla cubre tus ojos como seda fina: a veces revela lo que hay detrás, en ocasiones con cierto detalle; en otras, cual sombras chinescas. En cualquier caso, dificulta una completa visión.

Pero ahí se encuentra. Me dedico, por tanto, a observarla. Cómo baila sinuosa hasta que se funde con el cielo.

Capítulo VI

Me despierto entre sudores, como casi todas las mañanas, y mi purgatorio es mi rutina. O no.

Al salir, observo que la columna de humo, aunque lejana, se encuentra más próxima. Me apresuro a recoger lo que las gallinas me permiten, que, para mi desgracia, no es nada.

Me alimentaré de los pocos restos de puerco que aún quedan.

La leña sigue disminuyendo, y debo proveerme de más. Aunque no dispongo de monedas, bienes u objetos para intercambiar. Además, no debo exponerme a que algún paisano advierta mi presencia y me denuncie a las autoridades, que no dudarían en ejecutar a un desertor del ejército francés.

Entro. El frío es cual agujas clavándose sobre todo tu cuerpo. Mis ropajes no son suficientes para resistir mucho tiempo a la intemperie.

Y me quedo inmóvil, mirando nuevamente esta columna de humo, ahora más cercana. Su hipnótica y entrelazada danza.

Capítulo VII

Amanezco, con un sudor frío, sin duda esta noche ha sido más gélida de lo habitual. Consigo entre temblores incorporarme. El frío y la escasez de alimentos están haciendo mella en mi salud.

Aunque con una debilidad manifiesta, salgo hacia el gallinero… pero me detengo. Me quedo inmóvil.

Entre la niebla distingo un carruaje oscuro, junto a la misma columna de humo. Alguien —por primera vez desde que resido aquí— ha utilizado el camino y se dirige a la población cercana.

Entro nuevamente con los pocos restos de madera que aún quedan, para, ya que hoy no probaré bocado alguno, tener al menos la oportunidad de calentarme.

Me quedo tras esa ventana, que me ofrece su mismo paisaje, gris, durante horas. Nada ni nadie se mueve en las inmediaciones del carruaje, hasta que llega la noche.

La oscuridad sumada a la bruma anula mi visión.

Enciendo un candil —o, mejor dicho, el candil— que siempre me acompaña en mi viaje hasta mi habitación guiando, con su parca luminaria, mis cada vez más débiles pasos.

Capítulo VIII

El día siguiente se presenta incluso más dificultoso.

Si los demonios que me acechan y la culpa que me persigue me impiden dormir, el frío, los temblores y una congestión en el pecho que me provoca una incesante tos no me han permitido que, por un momento, haya podido cerrar los ojos. Aunque, en realidad, no sea capaz de distinguir cosa alguna con ellos abiertos o cerrados; la noche en esta habitación es tan oscura como la boca del mismísimo infierno.

Me incorporo con dificultad. Consigo, con esfuerzo, caminar y bajar las escaleras, pues me falta el aliento. Me dirijo a recoger lo que las aves me hayan depositado, pero al llegar, la desgracia se torna más intensa: todas ellas han perecido. Todas se encuentran inmóviles, inanimadas.

Lo que era una solución duradera se convierte en oportunidad: ellas me servirán de alimento durante estos días.

Al volver al interior de la casa me dispongo a recoger los escasos troncos remanentes. Pero para mi total asombro, no queda nada.

No recuerdo haber sido yo el que haya recogido los últimos troncos de leña. Tampoco creo que nadie se haya aventurado hasta esta casa a sustraerlos… o incluso, matar a las aves.

El intenso frío no me permite estar por mucho tiempo en el exterior, así que intentaré buscar una solución en el interior.

Aunque me encuentre dentro, esta fría estancia no es habitable en estas circunstancias. Debo encontrar una solución inmediata para calentarme.

Como ya he dicho, en la estancia hay cuatro sillas y una mesa. Y solo necesito una. Ellas me calentarán los próximos días.

Tras fraccionar dos de estas banquetas, —pues con una no tenía suficiente recurso para pasar este día— me dirijo sin dilación hacia la ventana, hacia el único evento relevante que ha ocurrido desde la llegada del invierno.

—¡Oh, cielos! —exclamo.

La neblina, aunque incesante, me permite divisar a no más de un cuarto de legua el exuberante carruaje, de color negro, así como una hoguera, cuyo fuego se trenza en incomprensible unión con el humo que expele. Permanezco en la ventana. Por fin, podré advertir la presencia humana.

Pasan las horas. Llega la noche. La hoguera sigue encendida, pero no he conseguido distinguir movimiento alguno de ninguna persona.

Enciendo mi candil y, casi agónicamente, consigo subir las escaleras. Por un momento he incluso pensado que sería tarea imposible. Al fin lo logro, hasta tumbarme en este camastro de paja maloliente.

Capítulo final

Me despierto con un sobresalto. Un grito seco, junto a mi oído, me incorpora del camastro. Es la primera vez que consigo escuchar una voz humana. Aunque todo haya sido, quizás producto de una mente enferma —aunque al igual que me ocurrió en el Cémétiere d'Andoaine—, un poder sobrenatural me guía hacia la ventana. Enciendo el candil, y a muy duras penas, bajo las escaleras.

Dejo el candil próximo a mí y, pese a la oscuridad, consigo —para mi sorpresa— observar con más detalle el carruaje, ahora iluminado por dos grandes antorchas clavadas al suelo.

Se encuentra justo frente a la casa.

Consigo advertir que se trata de un carro mortuorio. Son su solemnidad, su cruz cristiana, color negro y su sobriedad, lo que lo hace elegante… aunque su presencia no sea sinónimo de buen augurio.

En su parte anterior, caballos; color azabache, soberbios, bellos, distinguidos. Permanecen inmóviles, cual esculturas talladas en piedra.

Aunque un grito sordo sale de dentro de mi alma.

En su parte posterior se encuentran dos personas, extrañamente elegantes, vestidas de negro.

Botas altas, capa y sombrero, con ala y forma cónica, que se eleva un palmo sobre su cabeza. En una mano asen un bastón; en la otra sujetan un féretro, cuya base reposa contra el suelo.

Ambos fijan su mirada al lugar donde yo me encuentro.

En ese momento me retiro de la ventana y, cogiendo el candil, me dirijo, con toda la premura que mi cuerpo me permite, hacia las escaleras. Tropiezo en ellas, fruto de mi debilidad y nerviosismo. Aun así debo detenerme, pues la fatiga y la fiebre me impiden avanzar en un paso continuo.

Toso fuertemente; expulso sangre a cada tosido, hasta que, con dificultad, alcanzo la planta superior.

Me dirijo a la estancia que siempre he mantenido cerrada. Accedo a ella para tratar de esconder lo que seguramente estos individuos vienen a buscar.

Yacentes sobre un camastro se encuentran, ya momificados por el frío, los restos de mi esposa y de mi hija.

Como dije, no iba a permitir que quedaran en un cementerio perdido en los montes vascos.

Aprovechando la noche en la Vasconia, cargué mi corcel con ambos cuerpos y los cubrí con sacos que encontré en las inmediaciones. Apresuradamente me marché de allí, cubriendo la distancia de cincuenta leguas en poco más de un día, hasta llegar a esta fría casa.

Siempre estaríamos juntos, eso juré, y eso he mantenido hasta el día de hoy, en el que, —sin duda— estas personas han venido a buscar lo que yo profané.

Los mismos sacos que otrora me sirvieron para escapar cubren nuevamente los restos.

Una vez hecho esto, me dirijo nuevamente hacia la ventana. Debo bajar lo más apresuradamente que pueda, lo cual provoca que caiga por las escaleras, golpeando mi cabeza.

Aún desnortado por el golpe, a duras penas, recojo el candil que aún ofrece luz. Consigo llegar a la ventana, pero estos individuos ya no se encuentran presentes. No así, el carruaje, cuyos caballos permanecen inmóviles.

Esto calma mi estado de nerviosismo.

Quizás todo haya sido fruto del estado febril en el que me encuentro. Quizá todo sea fruto de una mente agónica, que observa figuras donde no existen.

Me dirijo nuevamente hacia la escalera, y, aún dolorido, consigo, —como si se tratara de un último ascenso— subir hasta mi habitación.

Con las escasas fuerzas que me quedan soplo, como si fuera mi último hálito que me une a la vida, con la suficiente fuerza para apagar el candil.

Ahora, y como todo el tiempo que he estado aquí, todo es oscuridad, silencio y soledad.

Entre temblores, frío intenso, pánico entre otras múltiples sensaciones desagradables cierro los ojos, pero por poco tiempo.

Siento como la estancia se ilumina, con una tenue pero suficiente luz para distinguir a los dos individuos, los cuales se encuentran allí, frente a mí, en igual posición, con el féretro entre ellos.

Su mirada y su rostro frío muestran una sonrisa sardónica.

Sin duda, no han venido a buscar los restos de mi esposa y de mi hija.

Es la Muerte quien ha venido a buscarme a mí.

Poniente

Capítulo I

—¡Corta!

—¡Corta!

—María, que cortes de una vez, ¿qué has visto un ángel?...
¡Dichosa mujer!...

—Perdona, perdona, ya voy, me he quedado ausente...

Esta era la conversación que mantenían las cuatro mujeres, sentadas, distribuidas cual puntos cardinales a cada parte de la mesa, en la estancia principal de la vivienda de una de ellas. Pepa, concretamente, en una de sus reuniones diarias, donde la actualidad de San Fernando, sus gentes, actitudes, aventuras y desventuras se entremezclaban con su peculiar acento, y sus críticas, desde las más sutiles hasta ese gracejo grotesco propio de la región.

Su hogar, humilde, marinero; puerta de madera barnizada, que en esta época siempre se encuentra abierta, con cortina de canutillo. Sus paredes blancas de cal y un techo que sirve las veces de terraza (más bien tendedero), en verano.

En su interior se encuentra este cuarteto femenino. Ataviadas con humildes ropajes; falda hasta los tobillos, camisa blanca y delantal. Pareciera que todas utilizaran esta vestimenta, excepto los domingos y los días de feria. Este era, y no otro, el papel fundamental que jugaban las mujeres del sur de España a principios del siglo XX.

La morada obedece a su humildad. Escasa decoración para unas mujeres cuya subsistencia se basa en lo que el mar les ofrece, con épocas de mayor o menor bonanza. No son ellas custodias de sus ingresos, es el océano quien tiene a bien que pasen una buena temporada, o deban ajustarse a alimentarse de los pocos pescados que rechazan en la lonja.

Capítulo II

San Fernando, población anexa a la capital gaditana, tiene, a comienzos de siglo, un importante puerto pesquero. Es medio de vida de familias, cuyos maridos parten día tras día, a aguas flanqueadas por las torres de Hércules. El mar Mediterráneo y el océano Atlántico luchan batallas continuamente; al igual que héroes, titanes y dioses en la antigua Grecia. Uno ofrece sus cálidas aguas al inmenso océano, que, por ese angosto paso, se diluye en la fría inmensidad atlántica.

Por tanto, esta comparación no es sinónimo de paz en sus aguas. Corrientes, fuertes vientos y el tiempo cambiante provocan que cada salida al mar sea una aventura, como viviera Jasón embarcado en su Argo.

Los cónyuges de estas cuatro mujeres son tripulantes de una embarcación construida en astilleros locales de la isla. A diferencia de la majestuosa nave descrita por Apolonio, esta embarcación es más modesta y, fabricada en madera, refleja la humildad de su origen. Se encuentra pintada en un color rojo, cuyo barniz la hace visible desde varias millas de distancia.

Jacinto, José, Pedro, Juan, —nombres clásicos de la geografía ibérica—, son los que, diariamente, se levantan horas antes del alba para extraer lo que las corrientes tienen a bien ofrecer. Unos días mucho, otros días nada, una temporada buena viene seguida de dos temporadas en las que poco se puede extraer de estos caladeros.

Capítulo III

Y María corta.

En ese momento, Pepa da la vuelta a las cartas. Un escalofrío recorre su cuerpo: el cuatro de espadas.

—Ay, María, hija mía, qué mal fario traes siempre, para lo poco que hablas.

—Corta otra vez.

Pepa las mezcla nuevamente y se queda paralizada, —¿el siete de espadas?

—¿Qué… qué pasa? Dime, Pepa, ¿qué pasa, hija?

—No, nada, vamos a ver qué sale, que vaya mano que me traes hoy…

Dentro del acervo cultural de esa zona, de ese sur profundo y modesto, donde se funden tradición ancestral, superstición y creencias paganas; una suerte de elementos se funde en un juego de cartas, que pasa de madres a hijas, de generación en generación. Muchas no las saben interpretar, o se muestran desinteresadas, perdiendo cada vez más este supuesto de adivinación.

Este no es el caso, en absoluto, de Pepa, cuyas artes en la lectura de naipes españoles le ha valido un considerable respeto dentro de este pequeño círculo insular. Aunque ella es reservada, ni siquiera cobra la voluntad por leerlas. Simplemente lo rechaza cuando se lo solicitan.

Este rechazo obedece a otra creencia ancestral, y esta viene determinada por aquel que te ofrece el futuro mediante las cartas. La otra parte. La que guía la mano de Pepa y dispone los naipes en un orden que facilita su lectura.

—El que viene, se lo cobrará.

Estas palabras de su abuela resuenan continuamente en la mente de Pepa.

Y Pepa se dispone a colocarlas. Una sobre otra, desde su lado superior izquierdo desliza las cartas una tras otra, en línea recta.

Cinco líneas van completando, carta sobre carta, tapando con la parte superior del nuevo naipe al que ya estaba dispuesto sobre esa mesa redonda, de madera.

Así dispone cinco líneas con ocho cartas descendentes. Y es en toda esa amalgama de sotas, bastos, espadas, reyes, caballos, copas y oros donde se encuentra el destino de todos aquellos que osan desafiarlo e intentar conocer lo que no debe ser conocido.

El silencio se apodera de las cuatro mujeres, pero ni Teresa, María o Azahar tienen idea alguna de qué simbolizan las cartas y su disposición.

Este silencio se entremezcla con la inquietud y los extraños gestos faciales que Pepa muestra a cada carta que voltea y sitúa en la mesa. Cada vez la cadencia se hace más lenta; cada vez pareciera que Pepa tuviera miedo atroz de saber cuál sería el próximo símbolo que pudiera marcar su destino.

Una vez ha acabado de repartirlas sobre esa mesa, las mujeres, expectantes, preguntan a una temblorosa Pepa.

—Bueno, dinos, ¿dime Pepa, qué has visto? ¿Qué pasa?

Tras unos segundos en los que el silencio y la tensión marcan la estancia, no se oye un ruido, salvo el reloj que marca, segundo a segundo, el ritmo de la inexorable vida. Todos los naipes se encuentran dispuestos en un orden perfecto.

Pepa se levanta firmemente de la silla de mimbre y espeta:

—Dice que sois las vecinas más pesadas de toda la isla y que os vayáis, que ya es hora.

—No, no dice eso —responde María, la principal interesada, que había cortado la baraja.

—Bueno, eso no lo dice, pero ya lo digo yo. Venga, cada una a lo suyo que tenemos a nuestros «saladillos» a punto de venir.

Así es como definían, cariñosa y satíricamente, a sus maridos.

Capítulo IV

Una vez Pepa ha despachado a sus vecinas, vuelve urgentemente a la mesa. No ha retirado las cartas. Las observa con mayor detenimiento, pasando suavemente su mano izquierda sobre ellas, como si leyera un antiguo manuscrito.

—Tres de bastos a mi izquierda... caballo... Rey de oros sobre el cuatro de espadas... no, no puede ser.

Vuelve a leerlas, quedándose fijamente observando el resultado.

En un impulso incontrolable se levanta de la silla, sube la escalera de ladrillo hasta la terraza y otea el horizonte. La brisa, que a primera hora era seca, cálida y el cielo, que se antojaba azul con pequeñas nubes blancas, se ha transformado en un viento húmedo y fuerte, de cúmulos oscuros, violáceos. Sus cabellos negros se mecen al son del viento, mientras sus ojos, índigos, se humedecen.

El poniente se ha marchado, para dejar paso a un levante enérgico. Este no es un buen presagio. Pepa se queda fijamente mirando al mar.

En la calle se encuentran las tres mujeres, que perciben este cambio.

Se miran las unas a las otras.

—Vaya... —dice María— pues sí que ahora nos cambia el levante.

Sienten, en sus cabellos —oscuros como los de Pepa— y en sus vestimentas, cómo este aire viene cargado de agua, de electricidad.

—Sí, hija —añade Azahar—, hoy parece que no vamos a tener suerte en la pesca. Vámonos para casa, que estos estarán a punto de llegar.

—¿Y tus hijos, Tere?

—Mis hijos, con la suegra, que cree poder enseñarles más sobre la vida que yo... Y no lo dice ella, Jacinto también. Yo me callo. Tiempo libre que me queda.

—Ea —asienten María y Azahar.

Ea: palabra que significa mucho con muy poco. Una simple conjunción de vocales.

Capítulo V

En efecto, las embarcaciones comienzan un goteo incesante de atraques en el puerto de Gallineras.

Las distintas cofradías arriban. Mientras, a sus espaldas, un temporal atroz. Fulgores que atraviesan verticalmente un horizonte de nubes, cuya base azul se transforma en cobalto, índigo y acero, según el influjo de los relámpagos que parten estos espectros del azul. Olas guiadas por vientos formidables; lluvias cuyas gotas, alimentadas por el viento, se clavan cual aguijones sobre la piel de estos marineros. Sin duda es una nueva demostración de la naturaleza brutal y de la insignificancia humana. Para el océano, aquellos que osan adentrarse en sus aguas le resultan, sencillamente, indiferentes.

El hermanamiento de estos marinos aflora en caso de dificultades. En un recuento de las embarcaciones. Todos los marineros y embarcaciones están a salvo del azote de la tormenta.

Todos menos uno.

La barca humilde, sin techo, vulnerable con un golpe de mar que rompa el timón y la haga irse al pairo, —o la vuelque— sumiendo a sus tripulantes en la inmensidad del furioso abismo.

Esta que lleva a Jacinto, José, Pedro y Juan no ha regresado.

Avisan a sus mujeres: Pepa, Tere, María y Azahar, que rápidamente y bañadas en lágrimas acuden a la lonja. Situada frente al puerto de Gallineras. Se miran, abrazan, sollozan, miran fijamente a esa mar embravecida. Hostil.

De repente uno de los patrones de la lonja se dirige a estas cuatro mujeres, espetando, en tono frívolo:

—Este tipo de embarcaciones no aguantarán la tormenta, ni mucho menos la noche.

Esto provoca un desagravio a las mujeres, en la cual, después de la incredulidad sobre lo manifestado, sirve como acicate a Teresa, que responde:

—Mucho has estudiado tú para decir eso, menos mal que has venido a decirlo, justo nos íbamos a preparar la cena para cuando vinieran —en un tono sarcástico, lleno de rabia, sintiendo cómo cada palabra se clavaba en su corazón.

Capítulo VI

En una pequeña tregua que la mar ofrece, el levante deja de ofrecer su faceta más oscura para dejar paso a un agua mansa. Sin embargo, la oscuridad de la noche, acompañada de una bruma, no permite ver más allá del embarcadero.

De repente, al fondo, una tenue luz. Luz que ofrece un rayo de esperanza a estas mujeres y a los pocos que las acompañan.

Esto activa el buen espíritu colaborativo de los habitantes de la isla. No dudan en utilizar la embarcación más robusta para intentar rescatar lo que todos suponen: la embarcación de Jacinto y compañía.

Capítulo VII

En efecto, se trataba de la embarcación de los cuatro hombres. De los «saladillos».

Una vez recogidos, llegan nuevamente al puerto. Bajan los cuatro entre aplausos y vítores de los allí presentes. Sin duda, la noticia ha provocado la congregación de la población. Quieren compartir este momento de felicidad, este hecho milagroso. La mar se ha llevado numerosas almas.

No en esta ocasión.

Bajan del barco —el *Gloria*—, temblorosos. Sus mujeres se acercan con rapidez, los abrazan, los cubren con mantas, ofrecen su brazo para sostenerlos.

Aunque el abrazo es común en casi todos los rescatados, este es frío. No responden al estímulo de ver nuevamente a sus mujeres. Su mirada es fija, vacía hacia el infinito.

—Pedro... Pedro, ¿estás bien? —pregunta Azahar, frotando ambos lados del rostro de su marido.

Pero él no contesta, solo mira hacia la nada.

María hace lo mismo con José. Le agarra firmemente, aunque con afecto. Un brazo entumecido, frío.

Vuelve su rostro y se dirige a Pepa:

—¿Es esto lo que te dicen tus cartas? Dime, Pepa... ¿esto es?

Aunque Pepa no contesta, ni siquiera parece escucharla. Se encuentra centrada en su marido.

Juan no mira al vacío, la mira fijamente. Ella le devuelve la mirada, con los brazos cruzados.

Cada pareja se dirige cuidadosamente hacia su domicilio. Todos asen el brazo de su mujer, en un gesto frío, distante. Todos menos Pepa y Juan. Ellos caminan en paralelo.

Ella, cabizbaja.

Él con la mirada al frente.

Capítulo VIII

Ya en su domicilio, cada pareja asume según sus normas interiores de convivencia; sus respectivos papeles.

Jacinto y Teresa entran en su casa. Allí se encuentran la madre de Jacinto y sus dos hijos. Ella, en un gesto de forzado júbilo, —junto a un desafío entre el amor maternal y conyugal—, lo abraza. No recibe respuesta.

Sus brazos no rodean el cuerpo de su madre, como tampoco de sus hijos.

Su madre se separa de él:

—Estás helado... pero estás vivo —afirma.

Jacinto mira a su madre, mira a sus dos hijos y a su mujer alternamente, como si de desconocidos se tratara.

Se sientan en la mesa del comedor, de madera barnizada.

El interior de esta humilde casa sigue los patrones del domicilio de Pepa. Un comedor en la entrada, junto a la cocina, una mesa con cuatro sillas y dos habitaciones.

Una para sus hijos y su suegra; otra destinada a preservar la poca intimidad que aún resta a la pareja.

En el fuego hierve un caldo de pescado que acompaña, casi diariamente, la dieta de esta población. Pescado, sin importar la variedad.

Azahar y Pedro entran en su domicilio.

Él está distante. Mira a su mujer como si no la reconociera.

Se sientan en unas sillas frente a la ventana. Ventana que no ofrece nada más que bruma.

Ella coge las manos de Pedro y las pone junto a su rostro. Frías. Inertes.

—Pedro... Pedro, hijo... ¿me recuerdas?

—Pedro, que soy Azahar... tu mujer...

Él se mantiene en silencio, con la boca entreabierta. Gira su cabeza y fija su atención a lo que se encuentra fuera de donde está. A través de la ventana observa la bruma, pareciendo tener la capacidad de poder atravesar su espesor con la mirada.

María y José, los más jóvenes de este núcleo, entran en su casa. Él camina despacio mientras ella le ayuda a entrar. Se dirigen directamente al dormitorio. Ella no quiere importunarle, molestarle, le respeta.

Quiere que descanse después del casi fatídico evento.

Capítulo IX

Caso distinto el de Pepa y Juan.

Juan no se encuentra en el mismo estado que los otros. Se encuentra en mejores condiciones. Han llegado a su domicilio andando parejos, sin ayuda alguna, en silencio. Ella cabizbaja. Él muestra un gesto de altanería, incluso desafiante.

Entran en la casa. Ella le abre la puerta; él entra, quedándose en medio de la habitación, lugar donde reposan los naipes que en la mañana dispuso, aún sobre la mesa de madera.

Testigos inertes, oráculos de lo ocurrido.

Pepa coloca dos sillas de mimbre frente a frente. Se sienta.

Sus brazos, cruzados. Su pelo negro cae sobre sus hombros; se ha soltado el recogido habitual.

Juan se sienta enfrente, la mira fijamente.

Media sonrisa. Ojos iluminados. De tez morena y levemente despeinado, cruza sus piernas en un gesto de tranquilidad y comodidad.

Su torso se mantiene firme sobre el respaldo.

Pepa pregunta:

—¿Qué haces aquí?

—He venido a verte, por eso eres mi mujer —responde Juan.

—No mientas. ¿Qué haces aquí? —responde, elevando la entonación y ralentizando su pronunciación. No es una pregunta. Es una solicitud y una exigencia.

—He venido a cobrarme mi parte, Pepa.

—¿Y mi marido?

Él esboza una sonrisa diabólica, mientras gira su cabeza, levemente, en gesto de negación.

—Sabes dónde está.

—¿Y por qué vienes a verme, por qué actúas con esta crueldad? ¿Por qué utilizas la forma de mi marido?

—Para que lo observaras mejor.

—¿Y qué quieres de mí?

—Nada. Ya me lo has entregado. Tú... y las mujeres que estaban contigo esta mañana.

—¿Entonces? ¿Cómo te llamas realmente?

En ese momento suelta una carcajada.

—¿Quién soy? No tengo nombre.

—¿De dónde vengo? De cualquier parte.

—No soy un barco mercante, no soy un viajero, ni el ferrocarril.

Soy una energía. Energía que tú reclamas, energía que tú conoces, iba a cobrarse su parte en este asunto. Me has solicitado ayuda en distintas ocasiones a través de tus naipes. Sabías que esto no era un juego. Desde aquí las observo, aún sobre la mesa. Yo soy la demostración física, la cual tomo a través del cuerpo de tu marido.

—Eres un ser malvado.

—En efecto, Pepa, aunque no soy un ser, soy una energía, puedes llamarlo «el mal», sí.

Pepa, con los ojos humedecidos, —aunque completamente entera—, no ha mostrado en ningún momento que su voz se quiebre, mantiene la compostura, llegando a ser, incluso, reflexiva.

—Pepa, quiero que entiendas, que igual me muestro tomando la forma de tu marido, que provocando actos o malentendidos que acaben en cruentas batallas. No tengo mesura, de lo más pequeño a lo más grande que puedas imaginar. Estoy dentro de cada acto. Estoy dentro de vuestra hipocresía, de vuestra falsa modestia, de las plañideras que lloran a muertos que ni conocen. Esas almas condenadas que asesinan sin piedad. Estoy en la mente del ratero de la plaza y del emperador más célebre. Domino la naturaleza si lo estimo oportuno, me alimento de vuestra maldad.

—¿Y qué hago yo en medio de todo esto? Ea, a ver, dime.

—Porque tú tienes una capacidad especial. Sabías lo que estabas haciendo, conscientemente. Sabías que esto iba a ocurrir desde que apareció en tus cartas; desde que he bajado del barco, lo sabías tiempo atrás. Y has hecho el mal a conciencia. —Incluso añadiría que tienes mi respeto —manifiesta, mientras hace un gesto de aprobación, llevando su mano derecha hacia su cabeza y haciendo un símbolo forzado y sarcástico de reverencia.

Pepa calla, escucha atentamente cómo habla; su tono de voz, elegante, engolado, pausado, lejos de los exabruptos de su marido.

Sus formas, el movimiento cadencioso de sus gestos, —observables pero sutiles—, su mirada negra y penetrante.

No provoca en Pepa rechazo ninguno, provoca incluso atracción.

Solamente acierta a preguntar:

—¿Y qué pasa con los otros?

—Los otros no son ya preocupación tuya. Ellos están en el mar, los he hecho volver para que mi llegada no fuera del todo extraña. En cuanto a ellas… se encuentran limitadas a dar por hecho lo que ven. Nada más.

—Por último, querida Pepa, me gustaría añadir que tu abuela ya sabía de los efectos de intentar enfrentarse a lo desconocido; aun así siguió enseñando a tu madre. Y tu madre, de la cual guardo un gran recuerdo, te lo enseñó a ti, a sabiendas de los efectos negativos que esto tendría.

Pepa calla, incluso se permite hacer un gesto de aprobación.

—Pepa, mi tiempo aquí ha concluido.

Y choca sus palmas sobre sus rodillas antes de, elegantemente, levantarse de la silla. Se dirige a la ventana y mira a través de ella. Lo que para cualquier persona es niebla, para él es el camino.

En una afirmación sorprendente, Pepa pregunta: ¿Nos volveremos a ver?

Él responde, situado en el umbral de la puerta, mientras torna su cabeza y la dirige a Pepa, que se encuentra levantada, con los brazos cruzados, mirando fijamente.

—Sí, seguro que sí. Sigue trabajando como lo has hecho hasta ahora; eso me alimenta, no seas reticente a las solicitudes de otras mujeres, expándete, como la niebla sobre la bahía. Y nos expenderemos juntos, Pepa.

—Así lo haré.

«Juan» hace un gesto de aprobación y suficiencia, mientras abandona el domicilio.

La calle se encuentra inundada de esa bruma, de la que, solamente, solo se distingue el tenue alumbrado eléctrico de las bombillas, de una suerte de farolas incrustadas en las fachadas de las casas. Estas viviendas se encuentran distribuidas linealmente, en paralelo a la línea de la costa, transversales al puerto de Granadillas.

Pero lo que un ojo cualquiera no puede observar no significa que no esté presente.

Las siluetas de los otros hombres están allí.

No han dormido, no han hablado. Se han limitado a estar sentados sobre la cama, pese a los continuos reclamos de sus respectivas mujeres.

—Debo volver a la mar —repetían.

«Juan» levanta el brazo e indica el puerto. Todos realizan un camino directo hacia el este, confluyendo a mitad de camino, cuatro sombras, cuatro espectros cruzan la niebla.

Se difuminan en el muelle, en un azul ceniza que se funde con la inmensidad de la noche.

Pepa cierra las puertas. Recoge la baraja.

No siente pena, más bien reconocimiento y autoafirmación.

Mañana empieza un nuevo modo de vida.

Nuevo Mundo

Capítulo 1

The Expansion, galeón de tres mástiles, se encuentra bajo un cielo de fuerte tormenta en el Atlántico. Olas gigantes golpean el navío como si se tratara de una pluma empujada por el viento. Es un objeto inerme en el océano. Gracias a las corrientes ha conseguido acercarse a las costas del Nuevo Mundo.

Aunque no ha seguido la ruta trazada por el capitán Smith, cerca de Nueva Inglaterra.

Apenas unos instantes antes de que el sol ilumine tenuemente tras las nubes, la tripulación consigue anclar el navío cerca del litoral. Allí podrá descargar su contenido: un grupo de disidentes de la Iglesia de Inglaterra, buscadores de un nuevo concepto de la religión católica lejos de la persecución del rey. Junto a ellos, un puñado de pequeños delincuentes, rateros, que han obtenido como castigo a sus tropelías cruzar el océano y desenvolverse por sus medios en una tierra salvaje, —que no inhóspita—.

—Padre, ya es momento de bajar —espeta el capitán Smith.

Para esta suerte de «piratas», su fin no es luchar por bandera, sino obtener pingües beneficios que los nuevos colonos ofrecen por este periplo. A Smith no le importa la religión, la realeza, ni las condiciones en las que el personal se encuentra en el barco. Son bienes. No personas.

Por tanto, si alguno de ellos contrajera una enfermedad —algo común en los viajes de esa envergadura— era arrojado por la borda sin clemencia. Incluso quien osara dudar sobre sus decisiones correría la misma suerte.

Capítulo II

—Padre, padre —repite mientras golpea con su bastón en el brazo derecho del líder de este colectivo—.

«Marchad y separaos», reza el Antiguo Testamento.

Y siguiendo el ejemplo de Moisés, dejan atrás toda su vida y se embarcan en tan arduo viaje. Su fe es más fuerte que el miedo, intentan autoconvencerse. Pero la fe no cura enfermedades ni el horror vivido. Sirve como bastón de apoyo.

Mr. Johnson, reverendo, recostado en una parte de la bodega, no duerme en absoluto. Se encuentra paralizado. Por su mente transitan pensamientos que la fe no puede doblegar. La comunidad sería una sola fuerza, aunque él siente que se encuentra solo. Sin nadie. Aunque no lo puede demostrar. Debe parecer fuerte.

—Sí, capitán, llegó el momento —contesta.

Se incorpora torpemente, mientras sacude sus atavíos. Recoge sus Sagradas Escrituras y las custodia con su brazo derecho.

—Hermanos, ha llegado el momento —manifiesta, en un tono elevado y grave.

Estos hermanos se encuentran al otro lado de la bodega, sumidos por el terror. No imaginaban que este viaje fuera, en absoluto, tan complicado. Todos se encuentran agrupados para mantener el calor.

Aunque la esperanza de haber llegado al nuevo mundo provoca en ellos un hálito de esperanza. Tierra: la tierra donde comenzar una nueva vida. Comienzan a incorporarse, ayudados unos por otros, hasta que todos se encuentran dispuestos.

El navío, pese a estar anclado frente a la costa, no es sinónimo de quietud ni de calma. Los vientos y el oleaje costero golpean continuamente; mecen el barco salvajemente.

Capítulo III

Una vez reunidos todos los miembros en la cubierta, un viento y una lluvia incesante acompañan a un cielo oscuro, teñido de tonos azules, casi negros, pese a tratarse de los primeros instantes del alba. Intentan mantener sus prendas de cabeza, algunos con más éxitos que otros.

—Padre, antes de desembarcar debo decirle algo.

—¿Sí, capitán? —responde el reverendo.

—Esta maldita tormenta ha desviado nuestro viaje trazado. No se encuentran en el lugar inicialmente previsto.

—¿Qué quiere decir?

—Pues que analice lo que le acabo de decir. No creo que sea muy complicado para usted, que interpreta escrituras de más de dos mil años —responde el capitán con un tono de superioridad y sarcasmo.

—¿Y qué debemos hacer? —contesta con humildad el reverendo, buscando una ayuda que sustente su soledad interior, su desconocimiento.

—Mi trabajo finaliza aquí, su ilustrísima. Solo puedo informarle de que el temporal nos ha desviado de la ruta inicial varias millas al norte, quizás diez millas, quizás quince. Disponga a sus acólitos. El contrato concluye en la orilla. Mi tripulación los llevará en botes hasta la línea de la costa. A partir de ahí, la vida corre por su cuenta.

La tripulación consigue descender, con dificultad, los botes. Una vez en el mar, dos miembros de la tripulación comandarán esta suerte de rudimentos de madera hasta la nueva tierra.

Capítulo IV

La tripulación no comparte, en absoluto, los modales de Smith. De ascendencia nobiliaria venida a menos, su fortuna la vilipendió en fuegos fatuos: vino, juego, mujeres... Este es su último subterfugio. Su barco es su patrimonio. Sus secuaces son oriundos de tierras irlandesas y escocesas, contratados por su rudeza, no por su oratoria.

Mientras uno de los dos botes dispuestos se acerca a la orilla, Johnson se encuentra aferrado a la proa, con ambas manos firmemente sujetas donde convergen la armura de babor y estribor. Lo que bien pudiera indicar liderazgo para los neófitos en lides marineras, para estos marinos no es ajeno. Se encuentra paralizado por el miedo.

—¿Reverendo, dónde está su Dios ahora? —este es el momento en el que querría tener a Dios de su parte—, espeta uno de los marineros, de tez clara, barba, cabellos anaranjados y fuerte acento irlandés, mientras rema hacia la orilla.

—Dios se encuentra en todas partes, marinero, su bondad nos conducirá a la orilla. —Contesta el reverendo, en un intento por mantener la escasa cordura que aún le queda y no ser dominado por el miedo. Jamás ha observado tal cantidad de agua, en estado tan sumamente salvaje y enfurecida. Él es hijo de la comarca de York.

Cuando se encuentran ambas embarcaciones en las inmediaciones de la orilla, los marineros, con voz elevada, se dirigen a ambos grupos, separados por embarcaciones:

—Fin del viaje. Que todos vayan bajando.

—Pero aún resta distancia hasta la orilla —manifiesta uno de los miembros de la comunidad; Lloyd, que se incorpora para dirigirse al marino.

El marino considera este hecho prácticamente una afrenta. Su envergadura, superior a la del viajero, le permite, sin problemas, arrojarlo al mar.

Aunque el nivel del mar llegue escasamente a la cintura, el estado de nerviosismo de Lloyd no le permite posar sus pies en el fondo. El oleaje que le golpea una y otra vez, sin embargo, es benévolo, le conduce hacia la orilla.

El resto de tripulantes de la embarcación se arroja también a este mar. El otro bote, que ha observado a escasa distancia los acontecimientos, mira a sus tripulantes. No hace falta espetar exabrupto alguno. Correrán la misma suerte. Por lo tanto, uno a uno va arrojándose.

—Reverendo, su turno.

Johnson se arroja al mar, no sin antes mencionar a Dios:

—Dios nos guiará. El Señor es mi pastor, nada me falta.

—¡Pues que extienda su mano divina y los lleve a todos a la orilla! —grita uno de los marineros, mientras se carcajea.

Capítulo V

Johnson, cuyo liderazgo no debe quedar en entredicho, batalla contra las olas, pero se dirige decididamente hacia la arena, apartando el agua con sus brazos mientras, en ocasiones, consigue, cuando puede, ayudarse de sus pies en el lecho marino.

Una vez en tierra, con las olas que en ocasiones llegan a las rodillas, va recogiendo a los miembros de la comunidad: mujeres y hombres que se aferran a la vida como pueden, ya sea luchando contra las olas o bien dejándose llevar por la corriente, pese a que en ocasiones esta los sumerja.

Una vez recogidos y puestos a salvo en la orilla, Johnson realiza un recuento de los miembros de la comunidad.

—¿Lloyd, Catherine?

—Sí, reverendo —contesta Lloyd, mientras se sacude la arena mojada de sus vestiduras.

—¿Phillips, Jane?

—Aquí estamos, señor.

—¿Pearson, Ruth?

—Sí —contesta Pearson, mientras expulsa por la boca el agua tragada en su llegada a la orilla.

—¿Mallory y Elizabeth?

—Estamos vivos, reverendo.

—Bien, pues nuestra empresa, con la ayuda de Dios, ha llegado a su fin. Comienza una nueva etapa. Debemos llegar a la población de Newfoundland. El capitán me advirtió de que, debido a las inclemencias, nos hemos desviado varias millas al norte. Debemos sortear esta playa y hallar una vía que nos permita avanzar hasta el sur.

La lluvia no da tregua alguna. Todos los miembros se encuentran empapados en agua y salitre. Sus vestiduras pesan al igual que si portaran una armadura del medievo.

—¿Y los rateros?

Pearson levanta su brazo izquierdo e indica una figura inmóvil, flotando, que golpea incesantemente una roca, donde la arena llega a su fin.

—Parece que Dios les ha dado su justo castigo, señor.

—¿Y los demás? —pregunta Johnson.

—No lo sé, reverendo, quizás el mar los haya tragado… quizás hayan escogido un camino ya, alejado de nosotros.

—Que Dios los asista… —murmura el reverendo, inclinando su cabeza en señal de respeto por las almas de aquellos.

Capítulo VI

Tras sortear la línea litoral, no sin dificultad, llegan a una zona superior: el arco del acantilado. La lluvia y el terreno rocoso y húmedo no facilita su ascenso. Esta posición elevada les permite observar una vasta extensión de terreno. Verdes praderas son inundadas por un bosque oscuro y salvaje. Vegetación indómita, desconocida, moldeada por la naturaleza.

Johnson reúne a su escasa comunidad.

—Hermanos, esta es la grandiosidad de nuestro Dios. Toda esta inmensidad es tierra fértil para expandir nuestros propósitos, y los de nuestras nuevas generaciones. Observad la maravilla del Creador.

Todos permanecen en silencio y asienten las palabras del reverendo. A fin de cuentas, no tienen otra opción que aceptar los designios de la providencia y secundar lo que su líder espiritual les manifiesta.

—Continuemos caminando en paralelo a la costa, donde nuestros pasos sean más sencillos de realizar, allá donde el terreno se muestre más benigno.

Esta es la zona más próxima al litoral, en el punto en el que los acantilados declinan y se entregan, por fin, a la tierra firme.

Y la comunidad marcha hacia el sur, con el reverendo Johnson al frente. Debe comandar a sus escasas huestes. Debe ser el timón, el guía. No solo en lo espiritual, debe serlo en lo terrenal.

Capítulo VII

Tras un largo tiempo caminando, con la fortuna de que gran parte de su recorrido es descendente, los miembros de la comunidad se encuentran sumidos en una debilidad manifiesta: calambres, temblores… sin duda trasciende lo físico y se adentra asimismo en lo espiritual. Sus vestiduras húmedas por la incesante lluvia, sin alimento ni agua alguna, salvo la que han podido recoger de algunos arroyos, nacidos de las propias precipitaciones.

Todas estas sensaciones se interrumpen al divisar, a lo lejos, el asentamiento al que originalmente se dirigían.

—Mire, reverendo, se puede observar vagamente, siguiendo la línea de la costa, lo que parece un grupo de casas —manifiesta Phillips.

—En efecto. Intentemos llegar lo antes posible. Por nuestra salud, necesitamos refugio ante esta incesante lluvia.

Y así era. La lluvia los acompaña, haciendo, si cabe, más complicado su camino.

Capítulo VIII

La llegada al pueblo se vuelve inquietante. Ninguna persona ha advertido su presencia. Ya en la entrada, este se encuentra distribuido en: una calle central y viviendas de madera, construidas con el estilo de los primeros pobladores. Su madera, extraída sin duda de estas tierras, conforma las fachadas y flancos. Las puertas, con tirador de cuerda, y los tejados, fabricados con los mismos troncos y ramas, sirven para aislarlas de la humedad y las inclemencias. Un duro y arduo trabajo para unas personas desprovistas de herramientas complejas, salvo las que trajeran consigo al llegar.

Estas viviendas se enfrentan a lo largo de la calle principal. Al fondo, en su flanco derecho, se encuentra la iglesia, distinguible por una cruz que se yergue sobre el tejado. Más allá, un granero.

La comunidad transita por la calle principal. Todo es silencio, el único sonido es el repetitivo e incesante golpeo de la lluvia.

La atmósfera se envuelve en la oscuridad que el transcurso del día proporciona. Esto crea un ambiente de suspense y desasosiego entre los miembros. Miran hacia un lado, hacia las viviendas. No hallan iluminación alguna.

—¡Hola! —grita Johnson—. ¿Hay alguien? En el nombre de Dios, ¿hay alguien que more este lugar?

El silencio es su respuesta.

—¿Qué hacemos, padre?

—Dirijámonos a la iglesia, a lugar sagrado. Estaremos reunidos allí hasta la mañana.

Nadie pone en duda su liderazgo, pese a que él se siente solo. Reconforta su fe haber hallado el asentamiento buscado, pero se encuentra vacío espiritualmente.

Y su fe se siente parcialmente satisfecha. Antes de acceder a la construcción observan una estancia anexa, de cuyo techado se levanta una chimenea. De hierro fundido, sin mampostería de ladrillo. Este elemento aún no se encuentra presente en el Nuevo Mundo.

Acceden a esta estancia. Johnson se gira y se dirige al resto de congregantes:

—Hermanos, Dios ha tenido en su bondad infinita proveernos de uno de los elementos más valiosos: el fuego. Este secará nuestras vestiduras. Aquí pasaremos la noche, al calor que este nos proporcione.

La estancia tiene una suerte de chimenea, la cual proviene de Inglaterra; Sheffield 1750 reza en una placa. Hierro fundido, sin ornamentos. Dios no desea ornamentos, según sus creencias.

Unas sillas dispuestas en círculo, de pequeño tamaño. Es la zona destinada a que los más pequeños de la comunidad den sus primeros pasos dentro de la nueva religión, reciban sus primeros dogmas y conozcan la figura todopoderosa de Dios: sus premios y sus castigos. Los mandamientos de la ley suprema.

—Mallory, Pearson, enciendan un fuego que nos proporcione calor suficiente para pasar la noche.

—Sí, reverendo —contesta Mallory, con una subordinación cuasi militar.

El grupo se despoja de sus capas de ropa externas, agrupándolas frente al fuego.

Una vez todos están reunidos en círculo, el silencio invade la estancia. Todos se encuentran sumidos en una mezcla de temor e inquietud. Su mañana comenzó a bordo de un navío que desafiaba la furia marina, y anochecen lejos de su hogar, en un lugar extraño, sin haber conocido persona alguna. Todos están confusos. Se miran los unos a los otros con incredulidad; sus ojos reflejan su estado. La fe no les proporciona en absoluto quietud ni paz.

—Reverendo —pregunta Lloyd—, ¿dónde se encuentran los habitantes de este asentamiento?

Sin duda, por su aspecto exterior, las viviendas, aunque simples, se encuentran en buen estado. El templo igual. Y en esta estancia hay leña almacenada y seca. Sin duda, habrán acudido a otra población cercana, en busca de alimentos o bienes para intercambiar.

—Reverendo —pregunta Catherine—, ¿también las mujeres y los niños?

Johnson le devuelve una mirada desafiante. No responde a su pregunta. Intenta acallar su total desconocimiento dirigiendo sus azules ojos sobre Catherine. La mujer calla y espera, tal y como su comunidad interpreta las Escrituras. En este momento este conjunto de palabras es de suma ayuda y perfecta excusa para silenciar su total inseguridad.

—¿Y el ganado? —pregunta de nuevo Lloyd—. No hemos visto bestia en ninguna cerca.

—Estarán en el granero, a resguardo de este tiempo con el que nos recibe esta tierra —responde Johnson, aportando calma a sus inquietudes.

Como si fuera una huida hacia adelante, continúa y converge sus creencias con las condiciones climáticas:

—El Señor nuestro Dios nos ha permitido hallar tierra firme, nos ha conducido con su invisible mano hasta este humilde refugio, con la misma humildad que Él nos dio. Nos proporciona lluvia, lo que para Él es vida. Amén, hermanos.

—Amén —responden todos al unísono.

Extrae las escrituras que siempre le acompañan, las cuales había resguardado en la parte interior, contra su pecho, en el lado izquierdo, en su corazón. Vida y fe para afrontar el desembarco, la lluvia y no perder la palabra sagrada impresa en sus páginas.

Una vez el calor de la estufa calienta los cuerpos de los recién llegados, el cansancio golpea fuertemente a todos los asistentes, que poco a poco van sumiéndose en un sueño profundo. Johnson abraza sus escrituras. Es lo único a lo que aferrarse en su soledad. No buscará: encontrará respuestas en ellas. Eso cree.

Capítulo IX

En el conticinio, de forma súbita, comienza a escucharse un sonido incesante: una percusión envolvente, periódica, rítmica, contenida. Marca el compás de algo desconocido.

Todos se despiertan sobresaltados; algunos se aferran al brazo de su pareja. Otros se cubren el rostro con las mantas que, en el interior de la estancia, habían encontrado.

—¡El diablo, reverendo, el diablo llama con sus tambores! —espeta temblorosamente Phillips—. ¡La eterna desdicha nos espera, obra del Maligno, sin duda!

—¡Blasfemia! ¡Cállese, Phillips! —responde el reverendo, mientras apunta con el dedo índice de su brazo izquierdo, sosteniendo las Escrituras en su mano derecha—. ¿Ha oído usted acaso alguna vez la llamada del Diablo? Afírmelo y arderá en el fuego eterno. Yo mismo prenderé la pira.

—No mencionen a Satanás mientras seamos personas fieles a nuestras convicciones. No seamos nosotros quienes abramos la puerta a su presencia.

Entretanto, el tañer continúa. La firmeza de Johnson desvía momentáneamente su atención del grupo, aunque, al cabo de unos instantes, el horror invade nuevamente sus cuerpos.

—Mallory, fabrique una antorcha rudimentaria con un ligero tronco, algo de textil… y sígame.

Mallory permanece paralizado. Mira fijamente al reverendo.

—¿No me ha oído, hermano? Apresúrese.

En efecto, lo había oído, aunque el miedo lo inmovilizara.

Mallory mira a su esposa, Elizabeth. Entre ellos el amor no fue concertado. Sus familias no tuvieron que negociar apenas por su unión; solamente recoger los frutos de sus encuentros en las verdes llanuras de las Lowlands. Su mirada entrecruzada lo dice todo en escasos instantes. Por la mente de ambos pasa toda su vida juntos, en un lapso imperceptible para el resto. La mirada de

Lizzy implora que no vaya, que no la deje sola ante un contexto que sobrepasa a la persona más serena y llena de fe.

Mallory inclina la mirada. Siente enormemente abandonarla, con lo más profundo de su corazón. Enciende la rudimentaria antorcha y acompaña hasta la puerta al reverendo. No tiene opción de negarse.

Capítulo X

Johnson y Mallory salen de la estancia. La lluvia continúa, incesante. El sonido se siente. Hace vibrar cada una de las partes de su cuerpo. Despacio, avanzan apoyados al muro de madera de la iglesia.

En la esquina de la pared —cuyo flanco derecho es el frontal del edificio—, ven y escuchan lo inaudito. El sonido proviene del granero. Una luz propia de un fuego ilumina las ventanas abiertas del edificio. Se escuchan gritos, cantos jamás escuchados.

Ambos quedan absortos. Sus rostros son el reflejo del más puro terror interior. Sus ojos azules abiertos fijan la mirada hacia el rudimentario edificio, pintado en color rojo. Sus bocas, entreabiertas, reflejan lo inconcebible, lo inesperado.

—Mallory, suficiente. Sabemos el origen. La luz del día ofrecerá respuestas. Regresemos a la estancia. Bloqueemos la puerta. Mallory, míreme.

—¿Sí, padre?

—No saldrá palabra suya sobre lo acontecido hasta la mañana, ¿de acuerdo? No creemos más desasosiego entre la comunidad.

Obviamente Johnson ofrece respuestas coherentes, incluso para abandonar un lugar, fruto del pánico. Ambos se dirigen a la estancia. Acceden con una impostada tranquilidad.

Johnson se dirige al resto de miembros, y en un tono tranquilo les informa:

—Hermanos, el sonido se produce en el granero. Se desconoce el origen, aunque mañana todos seremos testigos de lo que está en estos momentos aconteciendo.

—Quizás la incesante lluvia haya creado este ritmo armónico…

Excusa peregrina y, en absoluto, creíble.

—Haremos turnos de vigilancia, por si los habitantes de esta población llegan durante la noche y es necesario advertirles con nuestra presencia. Todos rotaremos, para indicar que estamos aquí. Observaremos sutilmente, desde la abertura de la ventana.

Aunque Johnson conocía perfectamente que su medida trataba de impedir que lo que moraba en ese edificio maldito visitara su estancia.

Agolpan las sillas contra la entrada. Cubren la ventana con mantas para impedir cualquier vista exterior de la iluminación de la chimenea. Entre tanto nerviosismo, ninguno de ellos cae en la cuenta de que el humo, ese sí, es perceptible desde el exterior.

Capítulo XI

La mañana siguiente continúa con la misma lluvia. El sol ilumina tímidamente, escondido tras las grises nubes.

Todos se incorporan porque nadie ha conseguido dormir más allá del momento en el que comenzaron a escuchar el incesante sonido, que finalizó cuando las primeras luces iluminaron vagamente el asentamiento.

—Hermanos, Dios nos ha regalado otro día más en su gloriosa grandiosidad. Recojamos las mesas, las sillas apiladas, las ascuas y vayamos al granero. Veamos que no se trata de una obra diabólica, sino que Dios nos dará la comprensión necesaria para ver que el miedo de anoche es propio de unos infantes, no de personas llenas de fe.

Y todos los miembros se dirigen al granero, liderados por Johnson, cuyas Escrituras, omnipresentes, porta en su brazo derecho.

Johnson abre tímidamente la puerta. Al principio hay solo penumbra, aunque todos los sentidos se activan. Olor a quemado, a muerte, que incluso se puede saborear. Oído: las incesantes gotas de lluvia que penetran con nitidez. Tacto: para asir cada uno a su pareja. Vista: lo que en un principio era oscuridad, comienza a descifrar oscuras siluetas al fondo de la estancia, rectangular. Asimismo, restos de animales muertos —gallinas, gallos, cabras—, esparcidos por doquier, cual sacrificio ancestral.

La estancia adquiere más luz, observando cómo estas siluetas poseen unos ojos blancos brillantes, temerosos; son quizás una decena. Abrazados entre sí, al fondo de la sala.

—¿Quiénes sois? Decidme —pregunta el reverendo antes de que la luz arroje una respuesta irrefutable—. Oh cielos... son esclavos —manifiesta—. ¿Alguien habla el lenguaje del Señor?

Obtiene el silencio como respuesta. Todos los observan con una mezcla de miedo y alivio. Tiemblan, quizás por el frío, quizás por el terror.

—Hermanos, son esclavos venidos del otro lado del Atlántico, sin duda se encuentran aquí para, posteriormente, ser trasladados a las granjas de tabaco y algodón.

Johnson continúa:

—Venid, hermanos. Observad a estas criaturas y escuchad lo que os digo —no yo, las Santas Escrituras—. En ellas hacen referencia al reino de Etiopía. Ellos provienen de ese reino, cristianizado en su encuentro de Felipe el Apóstol con el eunuco.

—Son hijos de nuestro Señor, aunque no han gozado del privilegio de la voluntad. Apresados, sin posibilidad alguna, son utilizados en esta tierra como mero instrumento de labranza. Apiadémonos de ellos.

Extiende su mano hacia el grupo, aunque nadie se aferra a su ofrecimiento.

Obviamente, el hombre de tez blanca no les inspira confianza alguna.

—El temor, sin duda, les inunda —manifiesta Johnson—. Tenemos una buena noticia: no estamos solos. Salgamos. Vayamos casa por casa. Quizás hayan llegado durante la noche y no nos hayamos percatado.

Capítulo XII

El grupo se separa, aunque mantiene contacto visual continuo. Tocan en todas las puertas, las cuales se abren realizando un sonido chirriante.

Nadie responde a las llamadas de los recién llegados, distribuidos en parejas. Acceden al interior de las moradas. Todas se encuentran en perfecto estado, dentro de la humildad que las caracteriza: estancia principal, con mesa y sillas, útiles de cocina —algunos dispuestos aún sobre la mesa—, chimenea con leña apilada y sillas enfrentadas. Con sumo cuidado abren las puertas de las otras estancias. Nadie en su interior. Una humilde cama. Un lavadero con agua en su recipiente y sin espejo. Dios detesta la vanidad.

Si bien cada vivienda presenta pequeñas particularidades, todas mantienen el patrón común, quizás impuesto por el líder de la congregación.

Johnson se dirige a la iglesia. Asientos alineados y un pasillo central, con ventanas que, en caso de días soleados, ofrecen una iluminación plena sobre la figura del Santo Sacramento. Una cruz de madera barnizada preside la nave central. Todo se encuentra dispuesto para ofrecer un servicio eclesiástico.

Al acabar de revisar todas las viviendas, se reúnen dentro del templo.

El reverendo ansía novedades.

—¿Y bien, Mallory y Elisabeth?

—No hemos visto a nadie, señor.

—¿Lloyd, Catherine?

—Igual, reverendo.

—¿Phillips, Jane?

—Todo se encuentra intacto, señor, como si hubieran abandonado apresuradamente el pueblo.

—¿Pearson, Ruth?

—Humildes y solitarias viviendas, reverendo.

Johnson se queda en silencio, toma asiento. Necesita urdir un plan de contingencia:

—Nos dividiremos.

Se incorpora y se dirige al púlpito, como si oficiara un servicio eclesiástico, tal y como ansiaba.

—Cada pareja elegirá un domicilio. No modificarán más que lo necesario para sus necesidades básicas, hasta el regreso de los pobladores.

Abre sus sagradas Escrituras y lee, en voz alta y firme:

—Como bien dice el Levítico: «Como a un natural de vosotros tendréis al extranjero que more entre nosotros, y lo amarás como a ti mismo».

—Los moradores comprenderán, basándose en las Escrituras, que nuestra estancia es precaria y necesaria para la subsistencia. Marchad, buscad una vivienda y no olvidéis los preceptos.

—Sí, reverendo, así haremos.

—¿Usted qué hará, reverendo?

—Permaneceré aquí, en las estancias del religioso que aquí more. En caso de no encontrarlas, mi refugio será este templo sagrado.

—Por último: todas las mañanas, al alba, nos reuniremos aquí. Oraremos. Daremos las gracias por un nuevo día, con la fuerza del Todopoderoso.

Su plan es precario, limitado, pero solventa las necesidades urgentes de esta pequeña comunidad.

Salen de la iglesia y buscan la vivienda más cercana entre ellos, entrando en parejas. Dos por cada lado de la calle central, enfrentadas entre sí. Así escucharán a su vecino y velarán por quien habite provisionalmente enfrente.

Johnson permanece en el interior del templo. Se aferra a su fe gracias al liderazgo que mantiene sobre la comunidad. Ha comprobado cómo el miedo y la fe son armas poderosas para controlar a los suyos.

Capítulo XIII

Una vez pasado el mediodía, Johnson acude solo al granero. Necesita explicaciones. Debe conocer la situación de los pobladores. Debe conocer qué tipo de ritual realizan los esclavos. Necesita respuestas.

Abre la puerta y encuentra al grupo más disperso: algunos están incorporados, otros permanecen sentados. Uno de ellos, alto, hijo de Etiopía, cabello azabache, dientes de perla y ojos negros con fondo blanco, que no porta más que una prenda a la cintura. Su piel, marcada por cadenas, grilletes y latigazos. Se dirige a Johnson. Al principio, su gesto parece amenazante; luego se queda frente a él, mirándole a los ojos.

El reverendo le ofrece su mano, aunque el esclavo se la niega. En ese momento Johnson extrae sus Escrituras, las sujeta con ambas manos y las dirige contra el esclavo. Su intención: mostrarle el Libro Sagrado, esperar un milagro. Que el esclavo comprenda su misión divina.

Pero este, al ver el libro, se muestra atemorizado. Da dos pasos hacia atrás. Habla con el resto, utilizando una lengua ininteligible. Se puede percibir la tensión. Su gesto ha hecho que estén aún menos dispuestos a recibirlo.

El reverendo guarda las Escrituras bajo su chaqueta. El esclavo da varios pasos atrás y se funde con el grupo. No es bienvenido. Johnson se da la vuelta y se dirige a la puerta. En ese momento, el líder realiza un sonido. Johnson gira la cabeza. El mismo hombre se encuentra nuevamente en medio de la estancia.

Indudablemente es una invitación a acercarme, piensa. Se aproxima.

Cuando están a escasa distancia, el esclavo toma una vara de madera —una de las que utilizan para avivar sus hogueras— y se agacha. Johnson le imita.

Con la vara dibuja en el suelo de tierra, entremezclada con paja, unas líneas paralelas, que terminan en punta por ambos extremos. Señala al dibujo. Luego señala a las ascuas de las noches anteriores —ya apagadas—. Repite este movimiento una y otra vez.

El reverendo desconoce por completo lo que significa, ¿una advertencia? ¿un camino? ¿un símbolo?...

Johnson extrae nuevamente su Testamento Sagrado y se lo ofrece de nuevo. Quizás ahora le ofrezca algún significado. Alguna afinidad, tal vez, incluso, un atisbo de empatía.

El esclavo lo golpea, y el libro se escurre de las manos del reverendo.

Entonces el esclavo se pone en pie y le ofrece la espalda por completo. Un lenguaje inequívoco: cualquier comunicación ha finalizado. Johnson recoge el libro sagrado y sale apresuradamente del cobertizo.

Pese a que ha existido una forma de comunicación, no ha sido nada reveladora, piensa; tiene más dudas que certezas.

Se marcha nuevamente a la iglesia, su morada por un tiempo indefinido.

Capítulo XIV

Cada pareja se ha procurado una vivienda.

Pearson y Ruth en la vivienda más cercana a la iglesia. De iguales condiciones que el resto. Entran y comienzan a buscar algún alimento en la despensa. Encuentran víveres para los próximos días. Este hallazgo les alivia.

—Ruth, ¿qué opinas de todo?

—Que el Señor nos pone a prueba. Física y mentalmente. Pone a prueba nuestra fe, Gary.

—Con la fe y el reverendo venceremos la tempestad, como vencimos la travesía. Nuestra misión ha comenzado.

Ruth asiente gesto de convicción.

Se conocieron en Londres a principios del siglo XVIII. Sus padres, fervientes seguidores de la Iglesia anglicana, prepararon su enlace desde que eran muy jóvenes. No tuvieron otra elección que contraer matrimonio: los linajes de sus progenitores, como también sus fortunas, quedaban, por tanto, ligadas. Aunque ellos pronto conocieron a Johnson y sus ideas, adquiridas del norte de Europa. Cuando él les ofreció una nueva vida, alejados de las presiones familiares, en un lugar donde expandir su nueva interpretación de las Escrituras, subastaron todos sus bienes y los dispusieron en manos del reverendo. Él gestionó sus bienes, al igual que el resto de los miembros: procuró el navío, los emolumentos para la tripulación y su subsistencia desde que decidieron apartarse del orden social impuesto hasta abandonar tierras inglesas. Fueron semanas duras hasta embarcar en Southampton.

Ambos creen firmemente en su palabra. Y con esa convicción acceden al dormitorio principal. Su fe es su esperanza. Su líder les guiará por este camino.

Cuando cae la noche, el sonido de tambores comienza nuevamente. El sonido incesante acalla incluso las gotas de lluvia. Intentan mantener la cordura, con los ojos totalmente abiertos.

—Tranquila, Ruth, Dios nos protegerá.

—Con Su ayuda no flaquearemos —contesta Ruth.

Pasado un tiempo, consiguen distinguir entre la percusión una llamada a su puerta.

Ambos se levantan decididos. Se calzan sus zapatos y prenden sus chaquetas. Al unísono, relajados. Ninguno siente temor. Caminan despacio, con el sonido de percusión como complemento, cada vez más elevado. Cruzan la estancia principal, donde antes habían cenado. Abren la puerta.

Capítulo XV

Todos los miembros de la comunidad se levantan al alba. La lluvia no cesa. La exigua claridad del sol indica que el día ha comenzado.

El reverendo se encuentra en el púlpito, preparado para oficiar su primer servicio.

Lloyd y Catherine son los primeros en llegar.

—Buenos días, reverendo.

—Buenos días. Hermanos, sois los primeros en llegar; tomad asiento. En breve comenzaremos la lectura de las Santas Escrituras.

Instantes después acceden Mallory y Elisabeth.

—Padre, buenos días —saluda Mallory.

—Mallory, Elisabeth, bienvenidos seáis a la casa del Señor. Aunque Elisabeth permanece callada, cabizbaja.

—Phillips, Jane, bienvenidos —manifiesta Johnson, al advertir la llegada de la pareja—. Esta será nuestra nueva casa sagrada, hasta que los pobladores nos hagan miembros de su sagrada comunidad.

El tiempo transcurre en silencio, en respeto al lugar sacro. Nadie pronuncia palabra alguna, Johnson incluido, hasta que, fruto de la dilación, se dirige a los asistentes:

—Pearson y Ruth se demoran —afirma el reverendo—. ¿Alguno sabéis de ellos?

Todos se miran entre ellos, con incredulidad.

—Reverendo, yo los vi entrar a la casa que linda con este templo. No sabemos nada más —responde Mallory—. Salvo que estamos seguros de que el incesante sonido del granero fue escuchado por ellos.

—Oh sí, ese sonido… —intenta minimizar el reverendo.

—Esperemos un tiempo, y si no acuden, realicemos el servicio. Dios se encuentra por encima de todos y cada uno de nosotros. Si al término no han llegado, acudiremos en su búsqueda.

En efecto, no acuden al servicio, y el resto de la comunidad se dirige a su casa. Abren la puerta —sin cierre alguno— y los buscan. No hay rastro de ellos. Solamente alimentos en salmuera encima de la mesa. Salen a buscarlos bajo la incesante lluvia. Visitan alguna otra casa. Nada.

—No se encuentran en ningún lado, padre. No los vemos.

—La fe, hijos, la fe ha hecho mella en ellos. El diablo se instaló en sus mentes y han huido. No hay rastro de ellos. Dios sabe dónde estarán. Igual ofrece su mano que saca Su látigo para infundir castigo eterno. Que esto os sirva de aprendizaje. Marchad a casa. Reflexionad sobre ello. Mañana, al alba, Dios y yo os esperaremos en nuestra casa.

Capítulo XVI

Lloyd y Catherine entran apesadumbrados, inquietos. No ha llegado el mediodía y ya se encuentran en el interior de esa su nueva morada temporal. No hay tregua en esta incesante lluvia.

Hijos de York, conocieron a Johnson en un servicio, en el York Oratory. Johnson no era más que un feligrés que acudía diariamente a los oficios. De retórica extraordinaria, habló con esta pareja, que acaba de contraer matrimonio. Fortuna escasa, patrimonio menguado por la herencia de Lloyd. Los acreedores llamaron a su puerta cuando su padre acababa de fallecer, no esperaron ni a que su cuerpo entrara en comunión con la tierra. No esperaron. Necesitaban marcharse, buscar una nueva vida, alejados de esta persecución. Johnson medró en su mente con sus creencias; influyó en sus decisiones. Fue él quien decidió que no debían abonar más dinero a estos acreedores.

—Seres enviados por el maligno —decía—. Su dinero es nuestro dinero. Lo dispondremos para nuestra nueva vida. Para venerar a nuestro Dios.

—Catherine, ¿estás bien?

—Sí, Lloyd, aturdida por todo lo que está ocurriendo.

—¿Qué crees que está pasando?

—No lo sé, Gustav —nombre de pila de Lloyd.

—No esperaba menos de ti, Catherine, que el más puro desconocimiento —espeta Lloyd, con total desprecio a su esposa.

Prosigue: —Todos somos hijos de Dios, pero diferenció a la mujer del hombre por este tipo de cosas: para que seáis ingenuas, pero malvadas. Está escrito. De vuestros ardides todos somos hijos del pecado. Las escrituras lo afirman, Johnson lo afirma, yo lo afirmo. Con vuestro comportamiento lo demostráis. Vuestro papel en el mundo es dar hijos a la comunidad, servir las necesidades de vuestro marido, sentarse y callar.

—He errado en contestarte, cierto es que no sé nada, salvo lo que me ilustran las escrituras, Johnson y, por supuesto, tú. Vuestro conjunto guía mi fe, mis pasos —afirma Catherine en un acto de deleznable sumisión.

—Me congratula escucharlo, Catherine.

Y ambos permanecen en silencio. Ella sentada a la espera de cualquier orden de su marido. Él dormita, se levanta, observa por la ventana a las viviendas enfrentadas: necesita saber que no se encuentra solo. Él es de todos la persona más frágil, la más manipulable.

La noche se cierne y ambos se retiran a la estancia. Dos camastros. Uno para cada uno.

—Catherine, estos moradores aplican la doctrina eclesiástica. No cohabitaremos, salvo en mi voluntad, como ya sabes.

Ambos se acuestan. Y, por supuesto, los tambores comienzan a tañer.

Catherine, sumida por el temor, no osa dirigir palabra. Lloyd, por su parte, cierra los ojos, aunque no consigue conciliar el sueño: el terror es más intenso en él que en ella.

La mitad de la noche alerta al matrimonio. Sonidos incesantes, armónicos, secos. Distintos a la percusión lejana: estos son más cercanos. En su puerta. Ambos se incorporan, se pertrechan, y sin cruzar mirada alguna, acuden a la llamada.

Capítulo XVII

La mañana siguiente, con la omnipresente presencia de la lluvia, los matrimonios acuden a la iglesia. Johnson los espera.

Llegan Phillips y Jane, acompañados de Mallory y Elisabeth.

—Bienvenidos, hermanos. ¿Qué sabemos de Lloyd y su esposa?

—Nada, padre. Su puerta se encontraba cerrada. Esperábamos que estuvieran ya aquí —contesta Phillips.

El tiempo transcurre y el matrimonio no llega al servicio. Johnson mantiene su tono imperativo hacia las parejas restantes.

—Bien, comencemos el servicio. Seguiremos las pautas de Pearson y Ruth. El Todopoderoso no espera a nuestras ofrendas diarias.

Y todos siguen lo manifestado por Johnson.

Una vez finalizado el servicio, acuden a su morada precaria. No se encuentran en el interior, como tampoco sus prendas. Sus camas se encuentran deshechas, signo de haber yacido en ellas.

—Otros falsos creyentes que Satanás ha tomado de su mano. Infelices, no hallarán paz eterna con su lamentable actitud. No os quepa duda de que ambas parejas volverán. La tentación les invitó a marchar, la verdad los devolverá al camino de la salvación.

Por mi parte, el día ha acabado. Marchad. Mañana nos volveremos a ver en el servicio.

Y las dos parejas restantes marchan bajo esa incesante lluvia.

Johnson marcha al interior de la iglesia. Busca por los lugares más recónditos: libros, diarios, algo que le arroje luz ante tales infortunios. No halla nada. Accede a la sacristía, donde aún se encuentran las vestiduras del reverendo de esa comunidad, y halla una pequeña libreta negra, con la cruz de Cristo impresa en la portada. La abre y comienza a leer lo que parece un diario.

Lee las páginas iniciales: Reverendo Mathews, reverendo de Rockville, reza en la primera página. Relata cómo comienza la comunidad a desarrollarse: la construcción de las casas, los nombres de los pobladores. Con un tono pragmático, humilde, pero con trasfondo de alegría. Es una población dedicada al depósito de esclavos para su posterior distribución en otros territorios.

Aunque sus páginas finales mantienen un inquietante paralelismo con lo que está ocurriendo. Cuenta las desapariciones de los fieles. Noche a noche. En su última página, escrito con letras temblorosas:

«Los he escuchado llamar. Vienen a por mí. Dios, perdóname. En ti dispongo mi alma».

«Si alguna persona lee estas líneas, huya de aquí, este lugar está maldito, embrujado.»

Un escalofrío atraviesa a Johnson. Ellos, en primer lugar, no se dirigían a una población llamada Rockville, y la lectura final le provoca el más absoluto horror: se encuentra paralizado.

Capítulo XVIII

El tiempo transcurrido ha provocado que la noche se cierna sobre esta población. Johnson, apresurado, recoge sus escrituras, que con tanto fervor cuidaba.

Aunque la vida del reverendo impacta contra su mente. Su pasado. Él no ha sido, en ningún momento, ordenado reverendo ni clérigo. Él buscaba el Nuevo Mundo con personas que siguieran su estela, a base de golpes religiosos. La fe y el miedo fueron sus armas. Y consiguió pocos, pero fieles discípulos. Sus bienes los subastaron y sin dudarlo se lo ofrecieron a Johnson, con una oratoria tan hipnótica como el sonido de los tambores.

Él consiguió un navío por la cuarta parte de las donaciones que estos le habían entregado. El resto lo cambió por oro, que, laminado, iba entremezclado en las cubiertas de las escrituras y de los cantos. Ese oro le permitiría vivir holgadamente en el Nuevo Mundo. Podría sin duda adquirir una gran hacienda, esclavos y una gran parte de terreno. Ellos no lo sabían. Él sí. Los esclavos, también. Su conocimiento ancestral les permitía diferenciar las almas oscuras de las iluminadas. No rechazaban las escrituras, sino el mal material, la avaricia que se escondía entre sus páginas.

Aunque el paso del tiempo fundió al personaje con la persona. Se volvieron uno. No diferenciaba ya entre la realidad y su figura como sacerdote. El diario le abrió los ojos y la mente. Debe huir sin dilación.

—¿Cómo lo hago? —se pregunta—. La noche y la lluvia no me permitirían sobrevivir sin refugio alguno. Mañana, antes de amanecer, me hallaré lejos del pueblo. Buscaré un camino... ¡encontraré un camino! —exclama.

Capítulo XIX

Phillips y Jane se encuentran en el interior de su casa cuando la noche cae sobre ellos, es un periódico juego lumínico que acompaña a la sempiterna precipitación.

Ellos son naturales de York, como Johnson, como Lloyd y Catherine. Ellos son sosegados. Se alimentan el uno del otro, tanto en alma como en la cotidianidad. Su matrimonio fue sellado tras un fugaz noviazgo, en el que Jane se quedó encinta. Sus padres no querían que su hija única fuera repudiada. Buscaron al autor. Y lo encontraron en el interior de un pub de la ciudad: hombre solitario, secretario de un leguleyo, aspirante a la abogacía.

Ahogaba en un vaso todos los problemas a los que se había enfrentado en su juventud. Golpeado por su padre alcohólico, diariamente, expulsado de su casa sin que su madre se interesara al respecto, consiguió realizar los estudios suficientes para conocer el arte de la abogacía. Y falsificar unos documentos con recomendaciones, incluso foráneas, estudios cursados en otra parte del país, le procuraron este trabajo.

Si bien era abnegado trabajador, el resto de las fuerzas las empleaba en el pub. Su jornada comenzaba en su escritorio. Una vez finalizado, acudía a su taberna, diariamente. Finalizaba el día arrastrado a los exteriores por el tabernero o por otros parroquianos, hasta que recobraba el conocimiento y acudía a su domicilio.

En las mañanas de trabajo, visitando diferentes familias y entregando diversas notificaciones y documentos, conoce a Jane, joven e ingenua hija de burgueses. Su padre, mercader de productos exóticos exportados de oriente, no duda en ofrecer un salario a Wolden Phillips, semanal, con la condición de que se case con su hija. Él acepta. Y sus condiciones exigían la práctica religiosa. Por tanto, como parte del pacto, acuden a la Iglesia York Oratory, donde conocen a Johnson. Su oratoria los cautiva con cierta facilidad.

El infortunio les sacude fuertemente. Su hija, de escasos años, fallece súbitamente. Este hecho permite que sean más vulnerables. Johnson conocía cómo manipular sus mentes. Ellos, fruto del duelo, funden sus mentes en una, dependen emocionalmente el uno del otro.

Anhelaban dejar su vida atrás. Y todos sus bienes los cedieron a un reverendo de ojos azules y cabello rubio, con ideas revolucionarias en su contexto, aunque excesivamente conservadoras en su fondo.

Capítulo XX

Johnson se encuentra en un estado alterado. Aunque ahora, por fin, es el verdadero Johnson, el farsante, el charlatán, no el líder religioso.

Se encuentra atrapado, por lo que fruto de su estado, acompañado del incesante tañer nocturno de los tambores, mina su juicio. No resiste más tiempo en el interior de la rudimentaria iglesia. Se pertrecha su chaqueta negra, guarda el alzacuellos en uno de sus bolsillos y coloca su gorro negro sobre su cabeza. Sale. La lluvia, implacable, no cesa. Corre entre los charcos, presuroso. De pronto se detiene. Mira al fondo del pueblo, en el lado opuesto al granero. Allí encuentra lo absurdo. Aunque comprende lo que los esclavos anunciaban.

Una serpiente de fuego se acerca a la población. En breves instantes distingue de qué se trata. Son personas extrañas, que portan antorchas. «Salvajes», murmura para sí, para sus adentros. Recuerda haber leído sobre su presencia en este Nuevo Mundo: sus extrañas artes y su conexión con la naturaleza. Su dios nace de ella misma; ella es su diosa, de la cual se sienten parte. Son dos líneas paralelas de nativos. Caminan en un paso uniforme y silencioso.

Se dirigen a la vivienda donde moran Phillips y Jane. Johnson corre hacia la morada de Mallory y Elisabeth. Golpea la puerta y la abre. La bloquea desde el interior.

—Ambos se incorporan sobresaltados. No esperaban su presencia.

—Reverendo, ¿qué hace aquí? —pregunta Mallory.

Johnson ya no se refiere a ellos como hermanos, ha erradicado este impostado discurso.

—¡Mirad! ¡Mirad! —acierta a decir.

Las dos líneas de fuego llegan al frente de la casa de Phillips y Jane. Llaman a la puerta, ellos abren. Los nativos no se encuentran solos. Se encuentran flanqueando a un grupo de personas.

Los tres observan, ocultos entre las sombras. Lo que observan desconcierta más sus mentes.

Estas personas no son desconocidas: Pearson, Ruth, Catherine, Lloyd, los rateros que huyeron tras el desembarco... y un numeroso grupo de personas. Incluso distinguen la presencia de un reverendo y de varios niños.

Se encuentran en la puerta, impasibles. Uno de los nativos llama a la puerta. Y la pareja sale al encuentro de sus conocidos, sin indecisión, con paso firme. Cuando se encuentran frente a ellos, Catherine extiende su mano. Ellos la toman. Sus cuerpos caen. Pero el reflejo de su cuerpo se mantiene. Su cuerpo ha abandonado su alma. Forman parte del grupo. Varios de estos indígenas recogen los cuerpos y, siguiendo las líneas de fuego paralelas, se adentran en el bosque.

Los tres cierran la cortina. Momento en el cual Johnson se dirige a Timothy Mallory.

—Tim, mira —mostrando lo que contenía su libro sagrado en realidad—. Oro, Tim, oro.

—Reverendo, ¿de dónde ha sacado esto?

—No importa por qué ni cómo, Mallory. Importa que lo tengo. ¡Huyamos de aquí al pueblo más cercano o la muerte nos encontrará sin remedio! Ya su registro es real, no impostado.

—Reverendo, no tengamos temor —interviene Elisabeth—. Usted es el mensajero de Dios, y nosotros humildes siervos. El destino de Dios está marcado en cada uno de nosotros desde que nacemos. Usted lo sabe, usted lo proclama. Usted nos transmitió esa idea.

Johnson mira despectivamente a Elisabeth y en un tono arrogante y altivo espeta:

—Mujer, calla, no es asunto tuyo el que Tim y yo tratamos. Tú no formas parte de esto. Tú serás un lastre para nuestro viaje.

Elisabeth fija sus ojos en Mallory, que, cegado por el brillo del oro, no devuelve la mirada.

—Tim, Tim, no me dejarás aquí. Nos prometimos amor eterno, no debes, no puedes abandonarme. Eres la persona a la que he cedido mi vida, mi ser, eres mi aliento. Hemos estado unidos desde que éramos unos jóvenes, desconocedores del sentido de la vida. Hemos abandonado nuestra tierra, nuestros bienes, por buscar un lugar mejor para ser felices...

Mallory no contesta. Mira a Johnson. No necesita responder. Seguirá a Johnson, que, sabedor de su decisión, expresa una leve sonrisa sardónica.

Ambos se disponen a huir. Elisabeth se interpone entre ellos. Toma del brazo a Mallory.

—Tim, te imploro por el amor que profesaste siempre por mí que no me abandones. Si Dios tiene a bien llevarnos con Él, hagámoslo juntos.

Mallory no atiende su súplica; Johnson empuja fuertemente a la mujer que cae al suelo de la estancia principal.

Capítulo final

Al salir de la vivienda, con Elisabeth postrada en el suelo, se encuentran con el grupo. Se encuentran situados frente a su casa. Ambos observan el grupo de nativos: de torso desnudo y piel teñida de un rojo escarlata, que bien recuerda a la sangre.

El numeroso grupo de personas está frente a ellos. Los reconocen a todos, pero sus rostros muestran una expresión ausente. No fijan sus ojos en ninguno de ellos, el infinito es el destino de su mirada. Sus labios, sellados.

Su rostro serio, cual efigie.

De repente, Mallory se adelanta, como guiado por una fuerza invisible. Se acerca a los allí presentes. Jane extiende su mano. Mallory la acepta. Su cuerpo cae como hoja marchita, aunque al igual que ellos mismos han sido testigos, su forma etérea permanece erguida. El grupo aumenta con su presencia.

Johnson se queda paralizado. Observa que, tras este grupo, existe una pira de madera. Esta mirada fija ha impedido apreciar que, por ambos flancos, dos nativos se aproximan a él.

Le toman por ambos brazos. Él sujeta firmemente las escrituras como si fuera su salvavidas. Comienza a gritar: alaridos de dolor, de lamento, pero no pronuncia palabra alguna inteligible. El pánico ha cortado su hipnótica retórica.

No ofrece resistencia, más bien resignación ante lo inevitable, inmóvil, el horror le inunda. Su mezcla provoca su estado.

Los nativos lo hacen yacer sobre la pira y atan su cuerpo. Vegetación muerta, pero resistente, funcionará como elemento consistente para impedir movimiento alguno.

Los nativos creen en el dios de la naturaleza. Creen en no dañar los bienes que se han otorgado. No utilizan materiales de ningún elemento propio de este, si observan que pueden dañar su equilibrio natural. Todo lo contrario de los allí presentes en alma. Ellos no dudaron en talar los árboles que hallaron para valerse de ellos y levantar sus casas. Incendiaron sus bosques para mantenerlos alejados. Realizaban la custodia salvaje de otros seres vivos. Cazaban animales libres y maltrataban a los esclavos, almacenados en condiciones lamentables. Su naturaleza era destructiva, no armoniosa.

La lluvia cae sobre su rostro mientras los nativos prenden la pira, que arde rápida y fuertemente, devorando las vestiduras de Johnson que grita de dolor. Sus gritos son vanos para todos aquellos que asisten al espectáculo.

Por su mente, fugazmente, un sentimiento de culpa. Ahora es consciente del castigo por haber desafiado el orden natural. Su vanidad, codicia, engaños, y su forma corpórea… se funden entre el fuego que prende sobre él.

Elisabeth corre hacia el cuerpo de Mallory. Lo abraza fuertemente. Llora desconsoladamente:

—Sola, Tim, me dejas sola, no soportaré una vida sin ti.

Pero Mallory ya no está. Su cuerpo sí. Ningún nativo ha acudido hacia ella, no están, en absoluto, interesados. Las almas de los allí presentes la miran fijamente, aunque ninguno de ellos extiende su mano. Ella no es su objetivo, ella no se ha movido por ningún otro interés que por el amor a su pareja. Este afecto es universal, traspasa las fronteras de la vida y la muerte, las comunidades de todos los territorios.

De rodillas, entre sollozos gira su cabeza. La puerta del granero se encuentra abierta. A contraluz, con un fuego proyectando su sombra, se advierte la silueta de un esclavo, de gran envergadura: es el mismo con el que Johnson habló días atrás. Extiende su brazo, pretende que Elisabeth tome su mano.

Ella se limpia las lágrimas de su rostro, y sin dudarlo, se incorpora. Se dirige hacia él y toma su mano. Ambos acceden al interior del granero, entre el sonido envolvente de tambores y cánticos. Ambos entran al granero. La puerta se cierra.

A la mañana siguiente Elisabeth abre la puerta del granero. Un sol radiante ilumina su rostro. No siente pena, no siente miedo alguno, como tampoco fatiga. Ha comprendido el verdadero sentido de la vida.

Sale, seguida del grupo de esclavos. Una nueva vida comienza para todos.

Turquesa

Prólogo

A primeras horas de la noche, frente a las puertas abiertas del Cementerio Bobby Friars de Edimburgo se presentan dos varones.

Vestidos con ropa victoriana de la época. Pantalones grises, como su chaleco, y chaqueta, levita negra, camisa blanca y corbata, coronados con un sombrero negro de copa, tipo *Top Hat*. Zapatos brillantes y negros. Ambos llevan un frondoso bigote, acabado en punta, uno castaño y el otro negro. Ambos son de mediana edad, pertenecientes a la clase burguesa de la época.

Ambos, al encontrarse enfrentados, señalan, con su brazo y mano derecha el ala de su sombrero como gesto de cortesía; uno sucede al otro. Ambos asienten y esbozan una sonrisa.

Entran dentro del camposanto, con la distinción propia, realizando el gesto de invitación mutuamente.

El cementerio es de piedra, con muros altos y dintel estilo neoclásico. Estos muros tienen colores pardos y grises, en distintas tonalidades, fruto del clima escocés.

Acto I

Dentro de uno de los mausoleos a la entrada del cementerio. Confeccionados con roca, cuyo paso del tiempo ha erosionado y borrado los nombres de los difuntos.

Sí se puede divisar la talla de una calavera y dos huesos. Advertencia inequívoca de peligro. La luz de la luna ilumina levemente la estancia.

Will: Estimado Héctor, me alegro de que usted me haya honrado con su presencia.

Héctor: No es para menos, caballero, declinar una invitación de su magnitud sería una osadía y un desafío a su cortesía.

Will: Me llenan de orgullo sus palabras. Ahora sin más dilación, por favor tomemos asiento sobre estos osarios cubiertos con esta gruesa capa de roca. Los aquí yacentes no tendrán el gozo ni la oportunidad de nosotros, los vivos. Nos deleitaremos pues.

Héctor: Supongo que me obsequiará con el preciado elixir que tan presuroso acudió su sirviente a ofrecer. Su epístola, de caligrafía solemne, invitaba a una sustancia de calidad sin parangón.

Will: La duda me ofende, señor Héctor. *(Saca una botella de cristal que contiene un líquido verde turquesa. Se la muestra a Héctor, que la agarra con ansiedad, mirándola con deseo. Will se la arrebata de nuevo).* No se apresure, a su debido tiempo, como ya he dicho, tome asiento.

(Ambos se sientan. Will saca del bolsillo de su levita dos copas de cristal. Las deposita a su costado derecho, mientras extrae el corcho de la botella).

Will: Querido Héctor, se trata de la mejor absenta francesa que en su vida va a tener el privilegio de degustar. *(Comienza a llenar ambos vasos con un paso ceremonial)*

Si mis amigos franceses, los Doré, de cuya confianza no dudo, están en lo cierto, se trata del divino elixir.

Héctor: Su fama los precede, señor.

Will: Lo sé, amigo Héctor, tome. Beba.

Ambos brindan y beben al unísono. Exhalan fuertemente.

Héctor: Diablos, Will, esto es néctar de dioses.

Will: Magnífico, sublime, déme su copa *(la rellena)*.

Ambos se quedan un lapso en silencio. Will retoma la conversación.

Will: ¿Qué tal su mujer, Héctor?

Héctor: ¿Mi mujer? La señora que convive conmigo diría yo (se carcajea). El matrimonio ha ajado cualquier atisbo de pasión, si es que alguna vez lo hubo. Su cuerpo, deformado por los partos, no es ni la sombra de lo que antaño era.

Will: El paso del tiempo no se puede detener.

Héctor: Ni el tiempo ni el deseo, William. En el pasado, cuando nos presentaron, la motivación de nuestro matrimonio era puramente económica. Aunque fruto de esta unión conseguimos progenie. Ahora ella es un esbozo de su silueta, una sombra de su personalidad. Pasa las horas leyendo romances y en reuniones al atardecer con su grupo de amigas, cerca de *Hay Market*.

Will: ¿Sabe algo de los rumores sobre su infidelidad?

Héctor: La verdad, me es indiferente con quien comparta lecho, si alguien la satisface, no es mi asunto. Tanto ella como yo no enfrentamos nuestro rostro. Su vergüenza y la mía circulan en el mismo sentido.

Will: ¿Vergüenza, Héctor?

Héctor: Sí, amigo Will, vergüenza de no mantener los valores del matrimonio y mis labores como padre, aunque son efímeros, *(se vuelve a carcajear)*. Los placeres de la vida deben ser disfrutados sin dilación y sin pausa alguna.

Will: *(Levanta el vaso, lleno de licor)*. Por las mujeres, aunque no por las nuestras. (ríe). Ambos beben. Llenan de nuevo su copa.

Héctor: Will, ¿usted ya se encuentra repuesto del hecho luctuoso?

Will: Amigo Héctor, el fallecimiento de mi esposa no fue más que un alivio para mi persona. No sentí lástima alguna cuando la encontraron con las venas cercenadas sobre la cama de nuestro lecho conyugal. Tuve que dar someras explicaciones a autoridades y familiares, incluso proceder como un burdo actor de segunda en la ceremonia y en su entierro ¿pero sabe qué, amigo Héctor?

Héctor: Dígame.

Will: *(Levanta otra vez la copa)*. ¡Por los demonios de la noche!, ¡que su alma se encuentre con ellos! ¡Por la paz que reina en mi mente desde su ausencia!

Beben y llenan sus copas.

Héctor: ¿Y los negocios, le sonríe la diosa Fortuna?

Will: Bien es cierto que no tengo queja alguna. Al marcharse a los infiernos mi esposa, su pingüe herencia me reporta ingentes cantidades de libras. Conseguí vender mi fábrica textil en Lothian a una familia de burdos ingleses. No me debo a nadie, solo a mí mismo. He de decir, incluso, que soy exigente conmigo mismo.

Héctor: ¿Cómo?

Will: Pues como bien ha dicho mi acompañante.

(le señala, levantando el brazo derecho e inclinando la cabeza en una muestra de irónico respeto) — Me debo a la vida, al frenesí, a la lujuria, el opio y al contenido de estos vasos. Mi día comienza cuando mi cuerpo me permite incorporarme, y la noche es mi fiel compañera de andanzas; mi testigo, mi confidente. ¿Usted, amigo Héctor?

Héctor: Desgraciado. (Niega con la cabeza y la inclina). No tengo la fortuna de usted, no en el sentido monetario. Vilipendio la fortuna de la herencia de mi esposa. Viajo a otras ciudades, bebo, me doy a la noche y juego con los demonios, noche tras noche.

Ambos alzan las copas.

Will: ¡Por los demonios de la noche! ¡Que nos persigan, somos más habilidosos que ellos! ¡No hay lugar en el Hades para nosotros!

Beben, nuevamente. Ambos se encuentran visiblemente ebrios. Sus torpes movimientos corporales así lo demuestran.

Héctor: Will, llene mi copa, por los muertos que aquí yacen, necesito más de este néctar.

Will: Lamento decirle, amigo Héctor, que hemos bebido toda la botella en el escaso tiempo que llevamos juntos.

Héctor: ¡Maldigo este hecho! Coge la botella e intenta beber los escasos restos que quedan.

Mira al panteón que tiene al frente. De estilo neoclásico, color tierra, la silueta de un cuervo se encuentra en su acrotera.

Héctor: ¡Ave del infierno! ¡Maldita seas! ¿Acaso escrutas nuestros movimientos? ¿Eres acaso el mensajero de la fatalidad? Nadie me llevará al Hades, ¡yo soy dueño de mi destino! Busca a otro, a mi mismísima esposa o incluso a mis vástagos, condúcelos ante el diablo, que vea con sus negros ojos, como tu plumaje, ¡quiénes son los invitados a tan macabro festín!

Arroja la botella, que golpea contra el friso del panteón. El cuervo vuela, emitiendo un fuerte graznido que resuena en todo el camposanto.

Will: *(Ríe)* Valiente eres, Héctor, desafías a la muerte arrojando una botella a su emisario…

Héctor: Yo soy la vida, yo soy la muerte, Will, pese a no decidir cuándo fui concebido, sí soy el encargado de decidir cuándo y en qué circunstancias moriré. Y eso será lejos. Mucho me queda por dispensar en ese paso breve. Y retaré a los mismísimos demonios a osar siquiera acercarse a mí. Yo mismo daré cuenta de ellos, te recuerdo que juego con ellos cada noche.

Will: Sin duda, la absenta ha sacado a la luz tu valentía, querido Héctor.

En ese momento, se escuchan pasos que provienen del corredor central del camposanto. Son pasos firmes, continuos y sonoros, con una cadencia envolvente.

Will: ¿Escucha, Héctor?

Héctor: Sí, Will, debe de ser el alguacil o incluso algún oficial de policía que, alertado por el estallido de la botella sobre el panteón, se ha dirigido a conocer el origen. Escondámonos tras el osario, fuera incluso de la leve luz que nos proporciona esta luna llena.

Ambos se agazapan. El sonido de los pasos se siente cada vez más cercano. Ambos se ocultan tras la penumbra, aunque advierten al autor de esos pasos. La figura, distinguen su mera silueta, negra. Se ha situado frente a la entrada del mausoleo. Ambos tiemblan de terror. La silueta se marcha, los pasos se van escuchando, cada vez, más lejanos.

Will: Amigo Héctor, nuestro cometido en este espacio ha llegado a su fin. Sin duda alguna, se trataba de alguien interesado por el sonido de la botella. Marchemos con presteza. Tengo otro lugar que nos recibirá como dos distinguidos señores merecen. Alejémonos del hedor de la muerte, regresemos al mundo de los vivos.

Héctor: Así lo creo, Will.

Ambos salen del mausoleo lentamente, midiendo sus pasos, intentando provocar el menor ruido posible.

Acto II

Ambos personajes acceden a un lúgubre pub en Chambers Street. A la izquierda se encuentran varias mesas de madera color vengué, coronadas por una vela que ofrece una tímida iluminación. A su derecha, una barra donde se encuentra el tabernero. Escaso cabello, frondosa barba canosa, grueso. Viste delantal y camisa blanca remangada. Al fondo, botellas de distintos licores.

Pese a las horas, el establecimiento mantiene un murmullo constante, que proviene de los allí presentes. No existe algarabía, ni exaltación. Todo tiene un tono comedido, oscuro, casi siniestro. A la entrada de Héctor y Will el tabernero los mira fijamente. Hasta reconocer a Will de entre la penumbra.

Tabernero: ¡Por el clamor de Cristo! Quien nos honra con su presencia, ¡Will McDonald! ¿A qué se debe tan distinguida personación?

—Estúpida pregunta, tome asiento junto a su acompañante, del cual desconozco identidad.

Will: Bien hallado, Scott. Este es Héctor, no es muy asiduo a esta zona de Edimburgo. Arrastra su cuerpo por otros pubs cerca de *Hay Market*, cuando no se encuentra de viaje en otras tierras, dejando su impronta. (Pone el brazo sobre el hombro de Héctor)

Héctor: Así es, necesito mis proveedores de néctar cercanos a mi vivienda. El regreso a esta se hace así más liviano.

Will: Para ti y para aquellos a los que les toca cargar con tu cuerpo inerte (se carcajea).

(Todos carcajean, incluso Héctor, que inclina su cabeza, en un signo de inequívoca vergüenza)

Ambos toman asiento en una mesa, uno frente a otro. Will en la zona más próxima a la pared.

Tabernero: ¿Qué desean los señores? Tengo los más exclusivos licores de la tierra, malta de las tierras altas, cerveza, fabricada en Kirkland, incluso absenta de tierras francas.

Will: Tráiganos dos pintas. Acompáñelas con dos copas. Dos botellas, una de whisky, honremos a Escocia, y absenta, honremos a... honremos... ¡a nosotros mismos!

Tabernero: Así será. (*Se marcha*)

Héctor: La cerveza calmará nuestra sed y suavizará nuestro paladar. Buena decisión, Will.

Tabernero: (*Regresa*) Aquí tienen. Disfruten.

Héctor: Will, ¿quién cree que era el autor de tan siniestros pasos?

Will: Lo desconozco, aunque presume ser alguien encargado de vigilar el camposanto y la iglesia anexa.

Héctor: Los tengo grabados en mi mente, así como su oscura silueta.

Will: El hecho ha sido extraño, la verdad, aunque no le demos más importancia. Hemos conseguido no ser aprehendidos.

Héctor: Will, ¿crees en los demonios? ¿En la figura de la muerte? ¿Crees en la visita de aquellos que ya no están? Almas perdidas que vagan por el mundo en busca del destino que no hallaron en vida.

Will: Creo en la brevedad de la vida, creo que somos objetos vivientes a merced del destino. Cuando la parca se presenta pasamos a ser inertes. Yo mismo lo comprobé con mi esposa, amigo Héctor. Ella era un objeto yacente en la cama, con el color escarlata de su sangre alrededor de ella. El cristal con el que se cortó las venas asido en su mano izquierda. Allí acabó toda su luz, su energía. Fría cual roca; rostro inexpresivo. Ella no se encontraba allí. Solamente su cuerpo.

Héctor: No dudo en su perspectiva, Will. Como tampoco dudo en la presencia de un ente superior a nosotros, alguien que controla nuestro destino.

Will: ¿Se arrepiente, por tanto, de sus palabras en el cementerio?

Héctor: En absoluto, Will, ese es el motivo de retarlos, su aceptación como parte de algo que no podemos comprender.

Will: ¿Ha sufrido algún episodio que así lo confirme, o son meras especulaciones?

Héctor: Jamás lo he contado, ni a mi esposa, la cual me tomaría por alguien que ha perdido la cabeza, pero sí.

Will: Cuente, por favor…

Héctor: No han sido pocas las noches, en cuya oscuridad me he despertado con fríos sudores, casi febril, tembloroso. En mis sueños unas sombras me acechaban. Aunque huía, no conseguían alcanzarme. El sobresalto abría mis ojos, y era capaz de observar cómo estas sombras estaban dispuestas frente a mí, a los pies de mi cama, observándome. Instantes después, se evaporaban ante el horror que sentía. Me encontraba inmovilizado. Mi esposa continuaba durmiendo, ajena a cualquier anomalía.

Will: *(Bebe una copa de un trago)*: Héctor, bien pudiera tratarse de los efectos de la ingesta continua de alcohol.

Héctor: Will, son vívidos, de una duración, aunque no prolongada, suficiente para percatarme de que lo que me ofrecen los sentidos es cierto.

Will: Mmmm… interesante.

Héctor: No es solamente eso, mi primer confidente. Incluso durante el día escucho sus susurros. Tras las puertas de la casa. Abro y nadie se encuentra en el interior.

Will: ¿Y si se trata de sus sirvientes, y si su oído se encuentra mermado?

Héctor: En absoluto, me ha sucedido en tantas ocasiones que incluso he tomado medidas al respecto. He intentado acallar esas voces que de mi interior brotan.

Will: Y dígame, Héctor, ¿cuál ha sido el remedio tan infalible?

Héctor: Beba, Will, que mis experiencias no sean óbice para tan grato encuentro con usted.

Will: *(Levanta la copa de absenta)*. ¡Por el licor que intensifica nuestras sensaciones, nuestra percepción! ¡Nuestro nexo con la realidad! La vida corriente es aburrida, predecible, estructurada. Sus verdaderos ojos son los de aquellos que tenemos el privilegio de utilizar esta perspectiva. Sin ambages, ambigüedades.

La verdad se expulsa por el verbo y por nuestra vista entra una concepción sin codificar. Nuestros oídos son como los de cualquier depredador, nada se escapa.

Ambos brindan, aunque Héctor más tímidamente. Dejan las copas y se mantienen en silencio, mirando los restos de la vela que se encuentra a punto de apagarse en el centro de la mesa.

Will levanta la cabeza:

Will: Héctor, le ruego que no gire su cabeza. Al fondo de esta estancia se encuentra una persona, de la cual solamente adivino su silueta, sentado. Su vela se encuentra apagada, y no tiene bebida alguna sobre la mesa.

Héctor: No le entiendo.

Will: Héctor, esta persona parece haber clavado su mirada sobre nosotros a mi parecer. Aunque no logre distinguirlos de su oscura efigie.

Héctor: *Gira la cabeza y advierte la presencia del personaje descrito.* ¿Oh cielos? ¿Cree que puede tratarse de…?

Will: De sus demonios, Héctor (*ríe*). O quizás del autor de los pasos en el cementerio.

Héctor: ¿Cree que nos vigila? ¿Qué sigue nuestros pasos?

Will: Creo que es solamente un individuo esperando que el tabernero le atienda, reponga su vela y se disponga a hacer lo que el resto de los asistentes: beber hasta perder el sentido. Pero, bien es cierto que sí, su presencia me incomoda.

Héctor: *(bebe otra copa de absenta y vuelve su cabeza tímidamente):* —Tiene razón, Will, aunque ahora siento como sus ojos están clavados en mi nuca.

En ese momento, el tabernero se dirige a la mesa de Héctor y Will, y con toda la cortesía que un tabernero puede ofrecer…

Tabernero: Señor Will y acompañante: hay una estancia anexa a esta en la cual ustedes pueden disfrutar de un producto de tierras exóticas, quizás esto calme sus ánimos.

Will: ¿Qué te hace pensar que estamos exaltados? ¡Maldito expendedor de bebidas espirituosas!

Tabernero: Señor Will, son muchas las personas que aquí llegan, acuciadas por los problemas, amores, ruina, herencias. Muchos ahogan sus dolencias en el fondo de una botella. Y desde la barra soy capaz de distinguir si un individuo se encuentra tranquilo, ha tocado fondo o se encuentra inquieto. Y esto último percibo en ustedes. Por favor, no rehúsen mi oferta.

Ambos se levantan, Héctor prende la botella de absenta. Bajo los efectos del alcohol, caminan lentamente, siguiendo a Scott, que a la entrada les cede el paso.

Tabernero: Por favor, señores…

Antes de entrar, ambos miran al individuo que se encuentra sentado. No son capaces de distinguir si les dirige la mirada o mira al frente.

Acto III

Ambos personajes se dirigen a la sala. Entre las estancias hay un pasillo, a ambos lados totalmente oscuro. La sala donde se dirigen tiene una tela roja, que cubre la entrada. Voluptuosa, translúcida. Entran. Les espera un ayudante del tabernero, especializado en la distribución y consumo de opio. Cabello cortado al ras, imberbe, con vestimentas que recuerdan a una túnica, color gris. Con una mano sobre su espalda ofrece con su brazo izquierdo una mesa a Will y Héctor.

Ayudante: Señores, por favor, sean bienvenidos, tomen asiento. En seguida traeré lo que han venido a buscar.

Ambos entran tímidamente, despacio, tambaleándose. Se sientan.

Will: El opio, sin duda, calmará su estado, amigo Héctor.

Héctor: Y usted, Will, ¿no siente temor?

Will: Temor no, inquietud. Quien fuera este personaje me ha suscitado cierta incomodidad.

Héctor: ¿Y si se trata de una de las sombras que a la noche me visitan? ¿Y si ha decidido también mostrarse ante usted?

Will: Jamás me he preocupado en absoluto de sombras, demonios o personas que vuelven a la vida. Mi preocupación siempre han sido los que están presentes entre nosotros, ellos sí pueden dañarnos.

Ayudante: Señores, aquí tienen sus pipas. Si me permiten…

Ambos colocan las pipas en sus labios. El ayudante enciende el contenido de la pipa. Ellos fuman, realizando una continua exhalación que hace patente el efecto de esta sustancia.

Will: *(con sonrisa leve, voz pausada)*: ¿Más tranquilo, amigo?

Héctor: Sí, Will.

Will: Y dígame. ¿Tan grande es el temor que usted siente?

Héctor: El terror es puntual, la alerta es constante. En ocasiones me quedo aturdido, con la mirada fija en un punto indeterminado, no atiendo a peticiones, a llamadas. En ocasiones el silencio gobierna mi cabeza, en ocasiones, voces me atormentan.

Will: ¿Y qué le dicen? ¿Qué abone las cuentas pendientes en pubs de la zona? ¿O es la absenta personificada que adquiere voz propia y le emplaza a consumirla? *(Ríe, fruto del opio)*

Héctor: *(bajo los efectos notables del opio y del alcohol)* Son voces oscuras, en ocasiones son un susurro, en ocasiones son un grito seco, que me deja inmóvil, en ocasiones escucho conversaciones en lenguas ininteligibles, en ocasiones palabras: Ven, muere, mata...

Will: Inquietante, sorprendente. ¿Y le ocurre solamente en su casa?

Héctor: No, Will, durante el día, en plena calle, mientras camino, montado en el carruaje o cuando mantengo conversaciones con otros. Estas voces nublan mi mente, me atormentan de una forma tan terrible que me tengo que excusar e irme a un lugar apartado hasta que cesan.

Will: Cielos.

Héctor: Me alejan de la realidad, solamente se acallan bajo el influjo del licor, para, al día siguiente, resonar más fuerte sobre mi cabeza. ¿Conoce a alguien al que le haya ocurrido esta situación?

Will: En absoluto. Mi círculo de amistades se ha ido reduciendo a medida que ha aumentado mi consumo de alcohol. Mis sirvientes hacen su trabajo, no hablo con ellos en absoluto. Arreglan mis desmanes que la noche anterior he provocado en la vivienda. No osan fijarme la mirada.

Continúan fumando.

Héctor: ¿Cómo actuaría si le ocurriera lo mismo que a mí?

Will: Lo desconozco. Hablaría con el doctor Willies, de St. Andrews Street. Quizás él tenga alguna solución. La medicina ha evolucionado en los más variados campos.

Héctor: ¿Para qué? ¿Para encerrarme en un sanatorio? ¿Para que sufra sus terribles apariciones en un lugar del que no pueda salir? Me condenaría al infierno en vida. Bebe otra copa de absenta. No puedo, no debo.

Will: Tal vez debiera explicárselo a su mujer. Abandonar Edimburgo. Buscar otro lugar más tranquilo, alejado del bullicio y del vicio de esta ciudad putrefacta y decadente.

Héctor: *(Mira fijamente a Will)*: No creo que mi mujer atienda a mis razones. Me encuentro solo, Will, solo ante esta situación. Usted es el único conocedor, y es totalmente escéptico a lo que yo le estoy manifestando desde lo más profundo de mí.

Will: No es escepticismo, es la búsqueda de una solución donde sea la razón y lo tangible lo que prevalezca.

En ese momento, Héctor se queda mirando a la puerta. Absorto, inmóvil. Aleja la pipa de sus labios y deja su boca entreabierta.

Will: Héctor, amigo Héctor, ¿qué le ocurre?

Héctor: Es mi mujer, es mi hijo. Se encuentran tras la cortina. Identifico sus siluetas.

Will: ¿Cómo? *(Mira hacia la puerta. No advierte nada más que oscuridad. No hay nadie. Solamente penumbra.)*

Héctor: *(Se incorpora tambaleándose. Se dirige a la puerta, abre la cortina. No hay nadie)* Grita: ¡Estáis aquí! ¡Me habéis encontrado!

Will: Oh cielos, Will, baje la voz, no hay nadie. Estamos solos. Su mujer no puede haber venido desde Hay Market a estas horas con su hijo.

Héctor: *(sitúa sus manos sobre sus oídos, mueve la cabeza a un lado y otro)*. ¿No lo oye, Will? Ese graznido semejante al del camposanto, se clava como aguijón en mi mente.

Will: Tal vez sea el momento de marchar, Héctor, demos nuestra reunión por concluida.

Héctor: *(sujeta a Will del brazo)* No. No puede dejarme en esta situación. Por favor, acompáñeme hasta mi domicilio, tal vez haya algo que usted necesite ver. Tal vez resuelva todo.

Will: Lo siento, amigo, debemos marchar cada uno por separado.

Héctor: Por favor, por la amistad que durante toda la vida hemos tenido, le ruego que me acompañe, quiero que sea testigo.

Will: ¿Testigo de qué, Héctor?

Héctor: De que todo lo que esta noche le he afirmado es cierto. Quiero los ojos de la razón como testimonio de mis manifestaciones. Luego dispensaré un carruaje para que le traslade a su domicilio.

Will: *(Duda, cabizbajo, asiente)* Está bien, marchemos.

Ambos abandonan el pub, dejan un buen puñado de libras como agradecimiento a sus servicios. Se despiden con un gesto del tabernero, que no muestra interés ninguno en su estado. Ninguno mira hacia atrás, donde la sombra se encontraba sentada. Miedo, inquietud, desconfianza, terror, solamente sus mentes lo conocen.

Acto IV

Ambos arriban a la vivienda de Héctor, de estilo victoriano. Su travesía ha sido larga, presurosa. Han evitado adentrarse en lugares oscuros, ambos han tenido la sensación de que algo o alguien les perseguía. Acceden a la vivienda. Héctor no utiliza iluminación alguna. Tiene una dirección fija. Sube las escaleras. Will sigue sus pasos.

Entran en la habitación de Héctor.

Héctor: Bien, amigo Will. Espere bajo el dintel de la puerta. Le mostraré mi obra en su mayor esplendor.

Will: ¿Su obra?

Presuroso, Héctor enciende todas las velas y candiles de la estancia. Will observa progresivamente el horror que se encuentra ante él.

Will: Por Cristo bendito, Héctor, ¿pero qué demonios ha hecho? ¿Qué es semejante aberración?

Héctor se encuentra frente a él. Con una mano sostiene un candil. Su rostro muestra su locura. Sus ojos extremadamente abiertos, una leve sonrisa.

Héctor: He aquí mi obra, Will. Admírela.

Will: Sin duda, la locura se ha adueñado de usted. (tembloroso, con voz quebrada)

Héctor: ¿Locura? No, amigo. Solamente he cumplido con la voluntad de las sombras, de sus susurros, de sus mandatos. Ellos son los dueños de mis actos, me invitan, me solicitan, se carcajean en mi mente mientras realizo estos actos. Obtengo su complicidad.

Will le mira fijamente. El horror le ha paralizado.

Will: —¿Pero estos cuerpos yacentes? ¿De quién se trata?

Héctor: No es el quién, Will, es el qué. Son piezas de mi colección. El origen de mis atormentadas voces. Ellos susurraban, confabulaban contra mí. Por ejemplo… (Coge con desprecio el cabello de una mujer que yace en la cama) —¿Ve, Will? Mi esposa mantenía compostura ante mí, era una mujer subordinada a su marido, ¿y qué hacía en mi ausencia? Mancillar el matrimonio, carcajearse junto a su amante de mi persona. Si mira en el suelo, su amante se encuentra muerto, junto a ella, no merecía estar junto a ella en mi lecho conyugal. *(Se acerca al cuerpo y le asesta un puntapié en el torso).* Lo sé, las voces me lo advertían, me lo solicitaban, para posteriormente obligarme a alimentarlos. Envié a un sirviente en su busca, con el pretexto de encontrarse con mi esposa. Una vez aquí, observó a su amante rodeada por el color escarlata. Yo le aguardaba tras la puerta. Cercené su cuello, su sangre empezó a brotar mientras yo me quedaba frente a él, observando fijamente cómo se apagaba su vida. No estaba solo. Las sombras se encontraban a su espalda. Fue mi rostro lo último que pudo atisbar antes de que la oscuridad eterna le encontrara.

Amigo Will, puede observar a mi hijo yacente al lado de su progenitora. Envenenado por las palabras que su madre profería contra su padre. Las sombras me invitaron a llamarlo a mi presencia. Una vez aquí y paralizado por la sangre que manaba del cuerpo de su matriz, fue sencillo. El cuchillo atravesaba su menudo cuerpo en sucesivas ocasiones mientras las voces de mi cabeza me jaleaban, y yo, sonreía al unísono, en una perfecta conjunción.

Will encuentra el horror. Inmóvil atiende las explicaciones de Héctor.

Héctor *(continúa)*: Los sirvientes eran partícipes de toda esta mentira. Su muerte era necesaria. Darían el macabro decorado que esperaba, no solo yo, las voces y las sombras. Deléitese, Will, observe la muerte en su máxima expresión. Lo que usted observó con su esposa es solamente una gota en la botella de absenta que todo esto representa.

De repente, Héctor se gira hacia la ventana. Ambos pueden observar una silueta opaca tras la luz que proviene de la calle.

Héctor: Amigo Will, ha llegado el momento. Ha venido en nuestra búsqueda. No dilatemos más nuestro destino. Usted ha sido testigo de la banalidad de la vida y de la presencia de lo extraordinario. Él nos espera, acudió a nosotros en el cementerio, siguió nuestros pasos hasta el pub y ahora se presenta en toda su magnitud. Ellos pusieron la botella de absenta, el tintero, el papel y la pluma con la que usted me remitió la carta. Intercedieron. Usted vino a mí, reclamado por ellos.

Will: Yo no tengo nada que ver, que Dios me asista, solamente he sido testigo de su barbarie.

Héctor: ¿Cree realmente eso? Ha sido cruel con la muerte de su mujer. Se ha aprovechado de su fallecimiento, llevando una vida luctuosa. Ha negado su presencia, este extremo les desasosiega. Ellos me han pedido que le trajera aquí. Aunque no sufrirá. Vamos. Venga conmigo.

Héctor se acerca a la sombra y desaparece. Will, con el terror que recorre cada parte de su cuerpo, abandona la vivienda corriendo, fruto del espanto.

Acto V

La huida de Will de tan horrible escenario es prolongada. Cruza Princes Street, tomando el camino más largo e iluminado a su domicilio. Todo es soledad y silencio. A escasos metros de su domicilio, su cuerpo no resiste la extenuación y se detiene. Decide refugiarse en un callejón de la vieja Royal Mile. Mary Kings Close. Desciende algunos escalones.

Comienza a expulsar gran parte de lo que durante la noche ha ingerido.

Sus manos sobre sus rodillas, cabizbajo.

Levanta la mirada. A la entrada del callejón se encuentra una silueta negra. Opaca. La luz de la calle principal de Edimburgo dibuja tan macabra aparición.

Will: ¿Qué quieres de mí?, ¿quién soy yo para ti, sino una humilde alma? ¿Por qué soy yo y no otra persona a quien buscas?

No, no puedes atormentarme con tu presencia, no, no eres real, eres el fruto de mi mente perturbada por el alcohol y el opio. Has medrado en mi mente y te presentas como un ente espectral. La locura de Héctor se está manifestando en mí, como si de la peste se tratara, me ha infectado con su palabra y sus actos. Ha corrompido mis pensamientos, hasta pensar que lo que veo es real, no lo eres, me escuchas ¡no lo eres!

Desaparece de mis ojos, ser del averno. ¿No has tenido suficiente con las muertes que ya has causado? Si eres real enfréntate a mí, como se resuelven las cosas en el mundo en el que vivo. Si tienes arrestos acércate a mí. No permitiré ser otra de tus presas ¿me escuchas? Coge un cascote, de un adoquín que se encuentra en el suelo y se lo lanza. Lo atraviesa. Esto cambia la percepción de Will.

—¿Quieres acaso que siga los pasos de Héctor? ¿Quieres almas para tu macabra colección? —Puedo obsequiarte con varias. El tabernero, su alma es oscura, sirve licores nocivos, asesina lentamente a sus clientes, provocan la adicción y la pérdida material y familiar. Incluso a su ayudante, cuya complicidad le hace también partícipe.

¿Alguna otra persona?, habla, conviértete en una voz en mi mente. Invítame a matar, si con ello salvo mi vida. ¿Mis sirvientes? Son inocentes, de escasa educación. Nadie los echará en falta.

Pero no hablas, no te diriges a mí, solo advierto tu sombrío contorno. Seguramente conozcas de mi desdicha. Desde que nací mi madre falleció, y su falta me provocó una continua tristeza, que no conseguía ser aliviada por las numerosas institutrices. Todas se marchaban. Todos me abandonaban. Mi padre, propietario de una empresa textil, se casó nuevamente. Tuve otros hermanos, cuya sangre paterna circula por sus venas. Expandió su negocio, y al fallecer solamente recibí la ruinosa empresa textil. Abandonada, como yo lo fui en vida. Conocí a mi esposa, alegre, jovial. Poco a poco alimenté sus pensamientos con mi decadencia, mi abandono. La ausencia de descendencia la sumió en una desdicha que solamente calmó cuando se cercenó las venas. ¿Estabas allí, verdad? ¿Te carcajeabas en los estertores de su muerte? Maldito seas. Maldito sea todo lo que sobre mí ha acontecido. Solamente el licor y la vida licenciosa me ha permitido apagar brevemente su recurrente representación.

Will permanece en silencio, mirando fijamente a la silueta. Su respiración, alterada, sus gestos y aspavientos se han convertido en un semblante tranquilo, una respiración sosegada.

Will: Y bien, creo que todo lo que he expresado ha sido el motivo de tu presencia. Mi estancia en este mundo no es ya relevante. Mi breve paso ha estado marcado por la condena. Mi expiación pasa por ti. He aprendido que no somos solamente seres vivientes que se convierten en inertes al morir. Con tu presencia, mi perspectiva ha cambiado, y por ello, creo que debo asumir las consecuencias. Marchemos.

Sube las escaleras hacia la silueta.

Tromsø

Capítulo I

Oscuridad. El ambiente gélido de la noche polar me inunda. Mi respiración, extenuada, se ve reflejada por el vapor que expulso de mi boca a cada exhalación.

Mis ojos son capaces de observar las meras siluetas de los árboles. Sus formas fantasmagóricas se presentan ante mí.

Miro hacia atrás. No consigo advertir luz alguna que siga mis pasos. Continúo andando, a cada momento más débil.

Dirijo mis ojos hacia el cielo, iluminado claramente por las estrellas. La ausencia de luz natural aumenta su irradiación. Entre esta pléyade, una que me guía. La siento como guarda y centinela; la Estrella Polar. Me indica el norte, donde me transportan mis pasos sobre el suelo helado.

Continúo caminando, apresurado, con las escasas fuerzas que aún me restan. La planicie se extiende. No soy capaz de distinguir si camino sobre tierra firme o quizás me encuentre sobre un lago helado.

Vuelvo a mirar hacia atrás. La helada llanura me otorga más perspectiva. Más diáfana.

A pesar de ello, a mi frente y a mi espalda, solo observo el silencio y la oscuridad.

En un movimiento coordinado, mis pies y mi brazo izquierdo se mueven. Ofrecen tres puntos de apoyo. Vuelvo a mirar atrás. Silencio y oscuridad. Continúo caminando.

Capítulo II

Mi marcha incesante, mi premura. Me lleva a exhalar vapor a cada momento. Mi corazón palpita rápida y fuertemente. Me detengo, observo a mis espaldas. No hay luminaria alguna tras mis pasos.

Atravieso la planicie yerma de árboles. Me adentro en un bosque cercano. «Más dificultades para encontrarme», pienso.

Mis fuerzas, mermadas por la travesía, son cada momento más evidentes.

Para mi sorpresa, en mi frente hallo una luz. Me escondo tras uno de estos altos y gruesos pinos. Vienen en mi búsqueda.

Me quedo agazapado. La inmovilidad provoca que mi organismo se enfríe en comunión con el glacial contexto. Consigo levantar la mirada lo suficiente para advertir que esta luz se encuentra estática.

Me acerco a ella, agazapándome entre los árboles. Procuro realizar el mínimo ruido.

A medida que consigo acercarme, distingo una pequeña estructura. Una rudimentaria cabaña. Su luz se encuentra fijada a la pared. Es brillante y dorada; cálida, si no fuera por el ambiente hostil.

Me acerco a ella sigilosamente. Encontrar un refugio conseguirá recuperar mis fuerzas, pienso. Miro a cada lado del bosque. Me devuelve su oscuridad y silencio. Todo son siluetas entre la oscuridad, en un juego tenebroso y estático.

Se trata de una construcción de madera de árboles de la región. Sin pulir. Modesta. Bien pudiera ser refugio temporal de cazadores de la zona. Quizás hogar de un ermitaño que ha decidido abandonar su papel en la sociedad. Cuando me sitúo frente a la puerta, llamo tímidamente. Nadie responde. Reitero mi llamada, esta vez con más fuerza. La puerta se abre.

Entro en la estancia. Frente a mí una mesa y una silla. A mi flanco derecho una hoguera que se encuentra encendida. Solamente escucho el crepitar de sus maderas. Se encuentra en un estado óptimo.

Entro y cierro la puerta. Respiro. Me acerco a la hoguera para recuperar el calor perdido, quitándome los guantes y acercando mis manos, mientras las froto y las llevo a mi boca. Entrar en esta rudimentaria cabaña me ha proporcionado tranquilidad. Recupero el calor y me voy desvistiendo de mis vestiduras de piel, dejando mi morral cerca de mí.

Una vez cubierta mi necesidad básica, observo la habitación, en la que solamente se encuentra dispuesta la mesa y la silla. Sobre la mesa un candil apagado. Me acerco a ella para encender el candil y observo que sobre ella se encuentra un manuscrito, una pluma y un tintero. Enciendo el candil con una ascua del fuego y observo que se encuentra escrito con perfecta caligrafía, sobre un papel amarillento.

Una vez sentado, comienzo a leer. Reza:

Loki y Freya.

Cuentan que, cuando las personas aún no reinaban sobre el cielo y la tierra, y eran meros instrumentos en manos de los dioses, Loki y Freya realizaron la prueba de manipularlos a su antojo.

Buscaron entre ellos a Jogdor, que junto a su mujer habían concebido a su hermoso hijo Aurdur. Loki intercedió con los jefes guerreros de pueblos vecinos.

Con sus ardides, enemistó a ambos, sembró el odio. Acusó a uno de ellos de querer adueñarse de la cosecha y animales del otro mientras dormía. Ambos jefes llamaron a la batalla a sus guerreros. Todos acudieron a la llamada de su jefe. Todos menos uno. Bayreuth. Él no era valiente, y arguyendo una enfermedad que casi le reúne en el Valhalla, consigue evadir la contienda.

Por otra parte, Jogdor, fiel sirviente de su jefe. No importaba cualquiera fuera su demanda. Eran los ojos y la espada de él. No dudaba en traicionar a cualquiera de sus compañeros por agradar a su líder. Loki y Freya lo observaron y lo convirtieron en su objetivo principal.

Loki intercedió para que Tarom, jefe, le nombrara su segundo en la contienda. Ambos marcharon, pese a las advertencias de Serim. Ella no deseaba una pareja así, que prefiriera la batalla y actuara con espíritu maligno. Que se reconfortara con las atenciones a su jefe, no en el lecho marital. Él no dudó en seguir a su líder, dejando sola a su mujer e hijo.

La batalla fue cruenta en los bosques. Aunque en la primera escaramuza, Jogdor fue herido con una flecha en su brazo derecho. Pese a no ser ágil ni fuerte, consiguió escapar. Y retornó a la aldea.

Freya había comenzado su cometido. En sueños se apareció a Serim, asiendo de su mano al joven Bayreuth. Ofreciéndolo como sustituto de Jogdor. Ella, influenciada por Freya, no dudó, en la noche siguiente, cohabitar con él. Su lujuria se extendió varios soles y varias lunas.

Una mañana, antes de la salida del sol, Jogdor regresó. Halló a ambos compartiendo lecho.

Intentó luchar contra el joven Bayreuth, pero, pese a ser un guerrero, era más ducho en las artes manipuladoras que bien podría salir de la mente del dios Loki que de una persona. Bayreuth era más fuerte, joven y apuesto que Jogdor. Este perdió la contienda y suplicó salvar su vida.

Todo esto ocurrió en el centro del poblado, donde Jogdor pagó por sus traiciones a otros guerreros, cuyas familias sumió en la pobreza, por el veneno de sus palabras a su jefe. El pueblo, testigo de la humillación, no dudó un momento en señalar y carcajearse de la sombra del supuesto guerrero que quería encarnar. Había perdido la confianza de su jefe al haber abandonado el campo de batalla. Había perdido a su mujer fruto de su desatención y había perdido su identidad. Ya no pertenecía a este pueblo. Marchó con deshonor, entre risas cerraron la puerta. Se alimentó de alimañas hasta que el frío lo condujo a la muerte. Loki y Freya lo vieron, lo disfrutaron y lo recibieron en el Valhalla.

Tras una lectura sosegada, mi mente queda atrapada por las palabras del texto. Se encuentra perfectamente manuscrito, pero se aprecian errores en su forma, como si caprichosamente, o apresuradamente se hubieran prestado a realizarlo.

Me desplazo hacia la hoguera, asiendo el manuscrito con mi mano izquierda. Me tumbo sobre mis prendas exteriores. Me hacen las veces de lecho y abrigo. Nuevamente lo leo, siento cierta identificación con el personaje principal. La idea inunda mi mente hasta que logro, fruto del cansancio y de la relajación, hundirme en un sueño profundo.

Capítulo III

Me despierto, sin sobresalto alguno. La hoguera ha dejado de emanar calor y me dispongo a continuar con mi marcha. Dejo todo en perfecto estado: el manuscrito sobre la mesa y procurando que mi paso por la estancia sea lo más inerme posible. Me pertrecho con mis prendas de abrigo, sobre mi cuerpo, cabeza y manos, colgando a mi espalda el pesado morral. Ofrezco la mínima parte de mi piel expuesta al ambiente. Abro la puerta sigilosamente.

Salgo. Miro a ambos lados. La noche polar continúa inundando el territorio. Miro a ambos lados. Observo la oscuridad, los contornos arbóreos. Soy capaz de escuchar el mismo silencio.

Miro hacia las estrellas, hallando el astro guía que secunda mis pasos. Me ofrece girar a la derecha. Hacia ese rumbo marcho.

Camino rápidamente; quizás hayan logrado acercarse a mí mientras reposaba. Es posible que se encuentren entre los árboles esperándome. Miro a mi frente y a mis flancos; no parece haber nadie. Decidido, me apoyo en el bastón de madera con una perfecta coreografía entre mis pasos y este.

Aunque la marcha sea precipitada, no logro evadir la impronta de la lectura de la noche anterior. Su lectura me ha provocado una reflexión continua. Su personaje huye y utiliza artes engañosas. Pero mi mente no cree oportuno revelar a mi consciencia el porqué de mi huida.

El camino presenta alternancia entre la vasta extensión de planicie y pequeñas colinas que debo sortear, no sin dificultad. Su vegetación se encuentra esparcida sobre la tierra, no obedece a uniformidad ninguna.

La permanente alerta ha provocado que mi corazón y respiración incrementen su frecuencia. Es perceptible, nuevamente por el vapor que expulso por mi boca.

Continúo caminando con la referencia astronómica como patrón. Rumbo norte. Mi mirada devuelve la oscuridad y el silencio. Miro hacia atrás. Nadie va tras mis pasos, o no logro divisarlo.

Continúo andando con presteza. Nuevamente. La extenuación hace presencia en mi cuerpo. Fatigado, intento mantener el ritmo. Hasta que este cansancio me provoca un desfallecimiento súbito. Me arrodillo. Postro mis manos sobre el frío terreno. Mi respiración se acelera. Con las escasas fuerzas restantes logro apoyarme en un tronco.

Allí dormito, aunque la tensión permanente no logra sumirme en un sueño, que de producirse sería eterno.

Al girar mi cabeza hacia la derecha, observo una luz. Fruto de la sorpresa pienso: «Ya se encuentran cerca de mí, debo continuar». Aunque no me resta fuerza alguna. Decido esconderme tras unos matorrales árticos.

Quedo a la espera de que, sea quien venga tras de mí, no consiga advertirme. El tiempo pasa y la luz permanece inamovible. Tampoco se escucha más que el silencio. Omnipresente. Envolvente.

Esta luz indica la presencia de algún elemento no natural. Guiado por la estrella polar, su línea recta converge con esta suerte de luminaria. Decido acercarme con cautela. Cada paso es medido, sostenido, en total descoordinación con mi corazón y respiración.

Al acercarme observo que se trata nuevamente de una cabaña. Igual disposición que la anterior, mismo material. Al presentarme frente a ella, me percato de que no es otra cabaña similar. Es la misma. —¿Pero qué he hecho? —me pregunto—. ¿Llevo acaso horas caminando en círculos? —Pienso, asimismo, necesito un lugar para refugiarme. —Demos este día como perdido —me digo a mí mismo.

Aunque con cautela, me aproximo a la rudimentaria edificación. Llamo nuevamente, observando cómo la puerta se encuentra sin bloquear. Miro a ambos lados. Parece que es la vegetación la única testigo de mi entrada.

Capítulo IV

Al entrar a la estancia, todo se encuentra en la misma ordenación. Respiro. Su mesa, su candil, su silla, una hoguera en su plenitud calorífica, donde sus maderas crepitan, como si se repitiera el episodio anterior. Mi respiración y mi latido relajan su frecuencia.

Me acerco nuevamente al fuego, desnudando mi cabeza y manos, acercándome a esta llama envolvente. Su movimiento es mágico, místico; sus colores se entremezclan en una danza solemne. Permanezco durante un tiempo observándolo, hasta que me he repuesto del frío.

Esta extenuación se produce también por la falta de alimento. Fruto de una urgencia que no logro recordar, en mi morral no existía hueco alguno para alimentos. Me lo recuerda la carga constante que lastra mi espalda. Al incorporarme observo que sobre la mesa se encuentra el candil, el manuscrito, un tintero, una pluma. Además, reparo que existe un ramo de moras silvestres. No logro entender el porqué de esta extraña situación, pero no considero una prioridad su comprensión, ya que mis instintos primarios quedarían satisfechos.

A ambos lados del tubo de la chimenea observo un incesante goteo. Es, sin duda, el hielo del tejado que, como consecuencia del calor, se funde. Logro hacer una suerte de vasija con mi guante. Su tímido, pero incesante fluido logra disponer el agua necesaria para calmar mi sed. Si bien el hielo no calma la sed, en este caso lo hace. No reparo en su porqué, aunque bien pudiera tratarse de su asociación con las piedras que conforman la chimenea. Una vez satisfechas mis necesidades, me dirijo a la mesa, no me importaría leer nuevamente la epístola anterior. Al tomarla, observo que no se trata de la misma. Ha cambiado. Su estilo caligráfico es perfecto, escrito por la misma persona que otrora escribió el texto anterior. El papel en el que se dispone es amarillento, primitivo, similar al de la anterior ocasión.

Leo:

Tarom el mortal.

Las noches, los días y las batallas se sucedían.

—Todos son pasajeros, pero yo soy eterno! —se dirigía Tarom a sus guerreros antes de cada contienda.

Era su manera de arengar a estos. Su comunión con él no les provocaría la inmortalidad, pero les procuraría más posibilidades de regresar a su pueblo. Para ellos, morir por su señor no era sinónimo de deshonor. Valkirias les conducirían al Valhalla entre vítores, por su fidelidad al líder tribal.

Aun así, los que sobrevivían celebraban sus victorias en el hall, donde la comida y la exaltación etílica finalizaba con un buen reparto del botín.

Su vanidad no era ajena a los dioses, y Tyr, dios de la justicia y de la guerra, quiso demostrar a los mortales la delgada línea que separaba la vida y la muerte.

Tras una dura batalla, donde esta tribu de guerreros arrasó uno de los pueblos que osó desafiar su fuerza, regresaron a Murtyd. Con la recompensa del gran saqueo obtenido, comieron y bebieron hasta la saciedad. Tarom, al grito de: «Yo soy eterno», levantaba su jarra y bebía, llenaba su jarra, la levantaba y bebía.

Tyr, tomando la apariencia de uno de sus guerreros, observó e intercedió para que Tarom demostrara al resto de pobladores su mortalidad.

Bebió y bebió hasta que, mermado por sus facultades, se levantó para enfrentarse al guerrero sobre el que Tyr había tomado forma. Su presencia le inquietaba. —¿Osas desafiarme con la mirada? —preguntó Tarom, antes de abalanzarse contra Tyr. Aunque se encontraba en tal grado de ebriedad que sus pasos le condujeron contra el suelo. Golpeó su cabeza contra este, muriendo al instante.

El resto de los asistentes carcajearon al principio, viendo a su jefe yacer en el suelo. «Va tan borracho que no se levanta», decían.

El paso del tiempo convirtió a Tarom en un ser inerte. Se celebraron honores a su muerte, ardió en una pira y fue enterrado en un túmulo. Se dispuso a un nuevo jefe guerrero. Pronto olvidaron a Tarom.

Aunque su alma no fue recibida por Valkirias, sino por el mismo Tyr y Odín, que, viajando desde Asgard, le condujeron al Valhalla. No sin antes demostrarle la brevedad de su vida y cómo su vanidad le había conducido a la muerte.

Le enseñaron la desdicha de Jogdor. Su soledad hasta morir en las gélidas tierras. Le enseñaron el resultado de todas sus batallas, cómo habían fallecido todos sus guerreros. El daño causado sobre los pueblos sobre los que había atacado sin piedad, con crueldad extrema. Lo hicieron sin premura alguna. Era en el Valhalla donde Tarom era eterno. Repitieron las escenas una y otra vez, sol tras sol, luna tras luna. Cuentan que, en la oscuridad de la noche, cuando el silencio reina, aún se pueden escuchar los lamentos y arrepentimiento de Tarom por sus actos.

Nuevamente este texto presenta unas deficiencias en su forma, pero no en el fondo. Consigue, al igual que el anterior, crear una impronta sobre mi mente. Sentado frente al fuego, comienzo a leerlo, y a asociar ambos textos con mi situación actual. ¿Huyo por traicionar a los míos?, pienso, ¿huyo por no ser leal a mi…? En el segundo texto expando mi reflexión. ¿He sido yo acaso vanidoso? ¿Me he creído inmortal? En ningún momento. Es esta huida la que me está dando absoluta conciencia de mi mortalidad, el agotamiento físico, la extenuación, la tensión por la supervivencia, que provoca que me sienta vivo. Mi corazón latiendo fuertemente y mi respiración.

Al igual que en la noche anterior, duermo frente a la hoguera, hasta que esta ha cesado de transmitir su incandescencia. Debo continuar mi marcha hacia Tromsø.

Capítulo V

Salgo de la cabaña, totalmente pertrechado. Mi morral, sobre mi espalda. La noche polar sigue siendo testigo de mi escape. Miro hacia ambos lados. Misma soledad y silencio. Mis espectadores siguen siendo los árboles, arbustos y roca. No existe movimiento alguno. Comienzo mi travesía, que, gracias a los elementos de la cabaña, me ha procurado alimento y bebida. Miro hacia el cielo. Observo la disposición de la estrella polar. En este caso me invita a girar a la izquierda. —¿Qué extraño? —murmuro. Aunque no reparo en ello demasiado.

Mis pasos son presurosos, animados por la tensión. Cualquier árbol, cualquier matorral ártico o cualquier roca puede esconder a estos que me acechan. Mis pasos, corazón y respiración se aceleran. Sobre mi mente se alojan nuevos pensamientos. Nuevas ideas, o más bien, reflexiones. Aunque mi conciencia no me permite reparar en un hecho concreto. Huyo porque no he debido tener el comportamiento debido. Me persiguen, luego he provocado el daño, la ira o el agravio sobre algo, o sobre alguien, o sobre ambas cosas. Aunque no logran detener mi decisión. Miro una y otra vez al cielo. La estrella polar me indica el camino. Asciendo una colina, que viene seguida de un valle, una planicie que finaliza en un bosque de esqueletos. Mi corazón y mi respiración marcan un ritmo asfixiante. El segundo texto se presenta ante mí. He reparado en él. Sobre la vanidad y el orgullo, y sobre la brevedad y la fragilidad de la vida. Estas sensaciones se me presentan nítidamente. Cada vez me siento más débil. Cada paso se hace más difícil. Aunque no me detengo. Miro hacia atrás, hacia los lados, por si quien me siguiera fuera a atraparme por algún flanco. No es el caso. Soledad, oscuridad y silencio, solamente interrumpido por mi respiración exaltada.

Con esas reflexiones en mente, el camino parece hacerse más sencillo, como si mi aprendizaje estuviera ligado al paisaje. Como si mi comprensión afectara a la orografía. Continúo caminando. A pesar de ello, mi cuerpo desgastado por varias jornadas extenuantes devuelve físicamente mi voluntad. Cada vez me cuesta más respirar, cada vez siento que el peso de mi alforja es mayor. El vapor que exhalo es cada vez menor, más frío.

Si mi propósito es dar celeridad, mi cuerpo no corresponde a mi demanda. Mis pasos son cada vez más pausados.

Mi respiración y mi corazón continúan latiendo a un ritmo diabólico.

Una suave pendiente me lleva hasta un bosque cercano, que continúo advirtiendo como meras siluetas. Parecen los gigantes Jötnar, leyendas nórdicas, que se me presentan en los pasajes leídos en la cabaña. Logro llegar hasta este bosque que me procura ocultación. Aunque no solamente me ocultará, parece. Advierto una luz, tenue e inmóvil. Al igual que en las dos jornadas anteriores. Tras un lapso de vigilancia, me acerco a ella, utilizando los métodos que he utilizado durante mi viaje. Agazapado entre árboles y rocas.

Es una nueva cabaña, la advierto por su silueta similar a las anteriores, o más bien, a la anterior.

Camino agotado y frío. Cuando estoy frente a ella me percato de que es la misma cabaña. No logro entender nada. No es posible que haya vuelto a mi punto de origen. No he podido seguir un rumbo equivocado. —No es posible —digo para mí—. ¿Qué clase de hechizo es este? —me pregunto, alguien que es totalmente ajeno a supersticiones; alguien que solamente cree en lo tangible, en el poder de la propiedad.

La noche polar no ofrece clemencia. Su ambiente hostil no permite un momento de duda. En esta ocasión llamo fuertemente, aunque dudo, tras las experiencias anteriores, que nadie se encuentre en su interior.

Accedo a ella. Cierro la puerta. Respiro. Igual disposición. Mesa, fuego, agua cayendo por uno de los flancos de la chimenea.

La tenue iluminación de la hoguera sobre la estancia y el poder hipnótico de la llama, de sus colores. No son colores definidos, se funden, se difuminan, construyen nuevos matices.

Me acerco a ella, dejo la pesada carga a mi espalda cerca de esta y me arrodillo, quitándome las prendas de abrigo paulatinamente, según el calor va entrando en mi cuerpo. Me levanto para recoger agua, siguiendo el mismo sistema que utilicé la vez anterior. Al mirar sobre la mesa, una suerte de racimo de moras, distintas a la anterior ocasión, sus colores son distintos, violetas.

Sobre la mesa, el mismo candil, el tintero y la pluma, con el manuscrito. Me acerco a él. Tengo sospechas de que se trata de otro manuscrito diferente a los anteriores.

En efecto, así es, aunque bien sigue los patrones caligráficos.

—Excelsa escritura —digo, en voz baja. En esta ocasión no tengo dudas sobre lo que este texto va a provocar en mí; reflexión, duda, aunque, sobre todo, certezas.

El texto atrapa mis ojos. Se establece una comunión entre estos, mi mente, la estancia, el crepitar del fuego. Todo es envolvente y funciona como una unidad.

Dice así:

El Reflejo de la Avaricia.

Todas las batallas en las que los guerreros salían victoriosos obtenían un beneficio. Este era el botín que se repartía entre los guerreros en la exaltación de la victoria. Toda clase de bienes; armas, abalorios, comida, animales, eran repartidos entre el grupo.

Su custodia quedaba a cargo de Zenzyr, hijo del valeroso guerrero Arzyr. Su padre se había granjeado la confianza del jefe tribal, con su fidelidad y valentía. Aunque los valores se transmiten de padres a hijos, no es una verdad absoluta. Zenzyr fue poco a poco corrompiéndose con el brillo del metal, las formas de los abalorios y degustando manjares previos a su reparto en el hall.

Loki influyó en sus decisiones. Su avaricia le llevó a tomar para sí más parte del botín. Distrayéndolo antes del reparto, llevó a su cabaña espadas, arcos y abalorios. Luego, los escondía bajo su lecho.

Aunque el jefe tribal, Etyom, padre de Tarom, era perspicaz. Percibió un cambio de actitud en su guerrero Zenzyr. Observó que su mirada hacia lo obtenido tras la batalla no era limpia. Esas virtudes propias de un líder, que un simple mortal no se percataría jamás. La influencia de Odín sobre él le hacía observar más allá del ojo de un simple mortal. Así que decidió tenderle una trampa.

Después de una batalla contra el pueblo vecino, victoriosos, recogieron todas las armas y bienes de estos. Pero Etyom observó la espada del jefe de clan rival. De extraordinaria construcción, hoja larga de metal noble. Empuñadura de cuero y pomo dorado. Aunque fingió ante el resto no darle importancia; la dejó apilada junto al resto de trofeos. Dejó a Zenzyr como custodio del botín, mientras descansaban antes de su festín en el hall.

Zenzyr, impresionado por la belleza de la espada, decidió llevársela para sí. Aprovechando la noche no interrumpida por el día, la escondió bajo sus ropajes y la llevó a su cabaña.

Una vez todos congregados en el hall, Etyom observó todo el botín. Miró fijamente a Zenzyr. Este inclinó la cabeza ante su líder, aunque no en señal de respeto, sino de vergüenza. El jefe lo advirtió rápidamente.

Con una voz reclamó la atención de todos sus guerreros. Todos acudieron a la cabaña de Zenzyr. Levantando su lecho, observaron todos los objetos de los que se había ido apoderando fruto de su codicia.

Bajo la influencia de Tyr y su sentido de la justicia, no le dio muerte. Le ordenó que se marchara del asentamiento. Pero no solo, sino con la vasta carga que había acumulado durante todo este tiempo.

Zenzyr se vio obligado a marchar, cargando sobre su espalda toda suerte de brillantes espadas, collares y pulseras. Toda su avaricia perdería sentido en el inhóspito paraje.

Etyom imploró a los dioses que la justicia se aplicara sobre él. Sus demandas fueron atendidas. Vagó por la noche, donde la luz no ofrecía brillo sobre sus espadas, donde no podía nada más que observar las siluetas de lo tomado sin consentimiento. Solamente podía verse reflejado en el hielo que el ambiente gélido proporcionaba. Para observar su rostro, el rostro de la vergüenza y de la desdicha. Una vez que la naturaleza consumió su cuerpo terrenal, fruto del frío y del hambre, su paso al Valhalla fue colmado de la desdicha eterna. Sus bienes, a los que se había aferrado y con los que se había corrompido, serían su carga eterna. Y cuando observara el brillo de las espadas, estas le ofrecerían el reflejo de su rostro, el rostro de la vergüenza y de la traición.

Me quedo atónito leyendo este extracto, bien pudiera el autor haberme tenido como referencia. Lo leo nuevamente, diseccionando cada parte. Me siento frente al fuego, leyendo el texto y admirando el majestuoso y desordenado movimiento de la llama. Todo obedece a una fuerza externa, pienso.

Aunque sorprendido por la lectura, no me siento en un estado de excitación. Más bien de redención. Mi historia se presenta ante mí, con un texto que entremezcla leyendas nórdicas y el castigo de la avaricia. Junto a los otros textos, siento que he sido el alumno de un extraño tutor. He reflexionado sobre el amor, la traición, sobre la brevedad de la vida, sobre la vanidad y sobre la avaricia, además de las consecuencias de la ceguera ante estos viles defectos.

Agotado por la travesía, más suave, aunque exigente, logro dormir, nuevamente, hasta que cesa el crepitar de los troncos y su fuente deja de emanar calor.

Me despierto con la sensación de que en mi mente algo ha cambiado; no soy la misma persona que en su momento huía, aunque, por desgracia, no podría mi evolución a los que siguen mis pasos. Con tranquilidad me visto las prendas de abrigo, aunque noto una debilidad física mayor. —Todo esto es fruto de la emoción constantemente sostenida—.

Capítulo VI

Salgo de la cabaña. Miro a ambos lados. Oscuridad. No hay rastro de quien me persigue, aunque desconozco su identidad. Camino. Intento mantener la celeridad de jornadas anteriores. Varios factores me lo impiden; en primer lugar, el cansancio físico; pese a descansar, ha medrado. Me siento agotado, incluso al comenzar la jornada, en segundo, el lastre de mi morral.

Pero no siento angustia, aquellos que me persiguen bien pudieran llegar hasta mí. Pese a la oscuridad, disfruto a cada paso. Las tres estancias en la cabaña han conseguido aplacar mi mente turbulenta y colmada de culpa. Mi carga mental es liviana, aunque mi carga física sigue presente.

Me detengo, reflexiono sobre los objetos que llevo en el interior. No recuerdo de dónde provienen, de qué se trata. Realmente, ya no me causa ninguna relevancia. Lo dejo sobre el terreno helado. Pronto estará cubierto de nieve ártica y formará parte del paisaje. Más tarde se fundirá con la tierra.

Es un momento de liberación; mis ideas han cambiado. Dejar lo que llevara en su interior me ha proporcionado, si cabe, más calma. Me permite hasta esbozar una leve sonrisa de autocomplacencia.

Continúo mi travesía. Me siento más liviano físicamente. Aunque los tránsitos anteriores me han debilitado en demasía. Mis pasos son más lentos, mi respiración más pausada, mi corazón late a un ritmo acorde con mis pasos. Por extraño que parezca, todo se encuentra en perfecta coordinación.

Continúo andando, en soledad, oscuridad y silencio.

Solamente mi respirar, armónico, aunque débil y frío, es lo que mis oídos pueden escuchar.

El paisaje es llano, una suerte de estepa, cual lago helado infinito.

Al acabar esta planicie, nuevamente el recuerdo de los Jötnar ante mí. Dispuestos al igual que en una batalla, con un desorden quizás intencionado. Sus siluetas me invitan a acceder, a ser parte de ellos.

Una luz cálida se muestra como única referencia, a mi frente. Sin duda me acerco a ella, no siento temor de ser aprehendido, no giro compulsivamente mi cabeza para advertir la llegada de nadie. No recuerdo mi partida, de dónde provengo, quién me persigue. Cuando salí de la cabaña solamente albergaba en mi cabeza una certeza sobre mi destino. Mis pasos me guiarían nuevamente hacia ella.

Y allí se encuentra, con su aspecto exterior frío. Su luminaria y su puerta. La abro. Ya no es necesario presentar mi llegada. Ella me espera con su lumbre, su silla, su mesa, su candil, su continuo hilo de agua junto a la chimenea.

Me despojo de mis vestiduras con calma, bien pareciera que estuviera en mi propio hogar. Me siento en el suelo, como en ocasiones anteriores hice, para atrapar el calor de estas llamas. Aunque adoptar esta posición me resulta difícil. Me siento extremadamente fatigado, dolorido.

Una vez he obtenido el calor suficiente para levantarme, lo hago con dificultad. Mis pasos son cortos y débiles, pero firmes. Acudo a la mesa donde existe otra certeza; existe un manuscrito y este será diferente a los anteriores.

Su caligrafía es perfecta, bella escritura. Sus líneas forman una ordenada conjunción de símbolos. Su tinta negra es solemne. Su texto, en efecto, es distinto, por lo que me dispongo a leer lo que quiera ofrecerme, enseñarme, advertirme:

El pacto de Freya, Jörd y Sif.

Los dioses dispusieron un orden de las cosas que se encontraban sobre las tierras. Otorgaron el privilegio de volar a las aves, dieron la libertad a animales y plantas, de vagar libremente, sin restricciones, por el medio que desearan, los peces de los ríos, alces, lobos, árboles y matorrales formaban un ciclo perfecto y eterno.

Cada elemento vivo o inerte cumplía su función. Elementos como los metales se fundían con otros, creando majestuosas rocas y montañas. Crearon una alternancia. El frío invierno helaría los terrenos y su nieve coparía las alturas de las montañas, como también las tierras. Eso proporcionaría una quietud no eterna, sino periódica. El calor derretiría estos hielos y nieves, dando paso a una explosión de vida. Otorgaron el verde a la hierba, con distintos tonos para cada planta, el pardo a las tierras y el agua derretida formaría majestuosas corrientes de agua, donde animales podrían tomar de esta agua tamizada por la roca y la tierra. La vida se mostraba en su máxima expresión.

Aunque un animal al que otorgaron la sabiduría consiguió, por la intervención de Loki, corromper esta virtud. Arrancaban árboles sin piedad, horadaban sus tierras y quitaban la vida a animales por mera diversión. Construían adornos, extraían metales de sus tierras para fabricar artefactos de muerte. Alteraron el orden natural establecido.

Estos hechos no fueron pasados por alto. Odín se percató de lo acontecido y emplazó a su mujer Jörd, madre de la tierra. Le encomendó que todo siguiera su orden. Mediante su hijo Thor, habló con su esposa Sif. Las dos acudieron a Freya, quien también accedió a las peticiones de Odín.

Entre ellas establecieron una alianza. Restaurar lo que el hombre había mancillado.

Una noche, mientras celebraban su victoria sobre pobladores vecinos, Thor golpeó fuertemente los cielos, con el poder del trueno y el relámpago. Esto alertó a los hombres, que se dispusieron a entrar cada uno en sus casas, fruto de su ingenuidad. Una vez estaban todos en sus casas, Jörd dio vida a lo inerte, y la tierra se deslizó sobre estos. Los cubrió completamente, para que una vez dentro de ella, formaran parte de esta. Ellos lamentaban, intentaban huir, pero sus lamentos eran en vano. Y su presencia jamás fue advertida. Sif otorgó fertilidad a las tierras sobre las que el hombre se hallaba enterrado, cual túmulo. Creció trigo salvaje. Freya actuó ofreciendo su renovación. Estableció nuevamente todo el equilibrio que los hombres habían despojado a la tierra. De estos pobladores nunca más se supo. Ellas tres, reunidas sobre este nuevo terreno, se asían de las manos, danzaban y se congratulaban de su obra. El cabello de Sif se reflejaba en el brillo del astro que proporcionaba calor. Odín las premió con la continuidad de su obra por toda la eternidad.

Esta narración, simple aunque concreta, me hace, en un primer lugar, advertir cuál es mi futuro inmediato. Me siento con dificultad frente al fuego, para volver a leerla, con más calma. Esta vaticina mi destino; indica cuáles son las fuerzas externas que un ser vivo no consigue controlar. Me siento abrumado, comienzo a temblar, leyendo una y otra vez el manuscrito, intentando encontrar una visión diferente, aunque todas conducen a una misma interpretación, hasta que poco a poco mi estremecimiento cesa.

Me quedo mirando fijamente la llama, tratando de asimilar todo lo acontecido durante estas jornadas. Todas me han llevado a un aprendizaje. He partido con temor, con angustia, encontrando la calma en esta cabaña. Cada estancia se ha convertido en una lección, por tanto, no tomo mi destino como un fatal desenlace, sino como un ciclo, donde mis impurezas se han limpiado, fruto de estos manuscritos y de mi extenuante travesía, dejando como lectura final una lección sobre el orden natural de la vida en el que el universo se encuentra inmerso. No hay bien material, no existe ningún objeto que no haya pasado previamente por el tamiz de la naturaleza. Todo es parte de este ciclo natural.

Duermo, sabedor de mi destino, consciente de lo aprendido. Soy una parte del todo. Eso me inunda de satisfacción y gozo. No me siento solo, formo parte de algo maravilloso y soberbio.

Capítulo final

Me despierto, al igual que en las anteriores ocasiones, con la ausencia de calor. Mi momento ha llegado. Solamente puedo describir mis sentimientos en uno: aceptación. Visto mis ropas de abrigo y me dirijo a la puerta, no sin antes girarme durante un instante para contemplar la estancia. Hablo en voz alta, inclinando mi cabeza: —Gracias.

Salgo y camino lentamente. Un paisaje espectacular se presenta ante mí. Al fondo la deseada población de Tromsø, iluminada en la noche polar. La causa de la iluminación es un fenómeno común en estas tierras. Su fuente es la reina polar luminiscente: la aurora boreal, que corona el asentamiento. Las lecciones y no las travesías me han llevado a mi destino. Sigo caminando, cada vez más débil. Mi corazón cada vez late más lentamente y mi respiración se vuelve más y más fría. Aunque no siento temor ni angustia.

Camino, cada vez más lentamente, hasta que desfallezco. Formo parte de este entorno salvaje, hostil, mágico. Pronto un viento boreal se apresura a cubrir mi cuerpo. Ya soy parte del ciclo natural de las cosas.

Soy un candil cuya mecha se apaga, soy el final de una fábula, soy el final del relato.

Índice